Lapoile - Rion

J. ET J. GUION

CE2

COLLECTION

# ORTH

## apprendre l'orthographe

HATIER

Calligraphie : Sophie Beaujard
Illustrations : Nicolas Hubesh
Infographie : Christèle Murgue
Conception graphique : Jehanne Marie Husson
Mise en page : Anne Lagrange
Couverture : Christian Scheibling

 ISBN 2.218 73067-7

# ORTH CE2

Ce manuel ORTH CE2 contient plus de trois cents exercices correspondant aux notions d'orthographe que les élèves de CE2 doivent connaître.

Il comprend trois grandes parties :

## O comme Observation

Dix fiches d'**exercices d'observation** sont destinées à habituer l'élève à observer rigoureusement mots et phrases, et à réfléchir sur la langue écrite. Il apprend, en début d'année, à utiliser l'ordre alphabétique, convention nécessaire pour l'emploi des dictionnaires.

## R comme Règles

Les **règles** recouvrent les grands domaines de l'orthographe :

- les notions grammaticales de base ;
- l'orthographe d'usage ;
- les homophones grammaticaux (a/à, son/sont, ce/se...) ;
- les accords en genre et en nombre ;
- les formes verbales, avec en particulier la conjugaison des verbes fondamentaux.

*Liste des règles p. 126*

## T - H comme Transfert et Habileté

Dix fiches d'**exercices de révision** sont destinées à aider au transfert des acquisitions pour conduire à l'habileté orthographique, avec en particulier des dictées silencieuses (textes à compléter).

En plus de ces trois parties, ORTH contient :

## La liste des mots à apprendre au CE2

Près de 700 mots doivent être appris au CE2. Ils se retrouvent tout au long du livre dans les différents exercices et leur liste figure en fin d'ouvrage.

## Des tests d'évaluation

Un test de départ et un test final permettent d'évaluer le niveau des élèves en début d'année et de faire le bilan des notions acquises en fin d'année.

# Conseils d'utilisation

## Les tableaux des règles

L'élève doit **observer attentivement** le tableau de la règle avant de faire un exercice. Il doit ensuite apprendre à **exprimer ce qu'il comprend**. La rubrique ***Retiens***, sous le tableau visuel, propose une formulation de la règle. Cette formulation peut également être élaborée en classe avec le professeur et devenir l'occasion d'un travail collectif.

## Les exercices

Dans les exercices à trous, l'élève doit répondre en écrivant non seulement la réponse demandée, mais aussi **tout ce qui, dans la phrase, permet de comprendre la bonne réponse**. L'élève prend ainsi l'habitude de sélectionner les informations utiles qui expliquent les marques orthographiques. Par exemple, soit la phrase à compléter : *Il a termin... ses devoirs.* L'enfant ne doit pas se contenter d'écrire *terminé*. Il devra écrire : *Il a terminé.*

## L'évaluation

– On peut estimer qu'un élève réussit un exercice systématique lorsqu'il obtient une réussite au moins égale à 90 %.
– Tous les exercices sont prévus pour pouvoir être très facilement notés sur 10 ou sur 20, ce qui rend possible une évaluation suivie des résultats.

## La progression

*O.R.T.H.* est d'un emploi très souple. Le professeur peut déterminer l'ordre d'étude des règles selon les lacunes de ses élèves ou en fonction de sa progression pédagogique.

*Exemple de progression, établie en fonction de la difficulté moyenne d'apprentissage des notions d'orthographe :*

**R1 - R2 - R51 - R3 - R4 - R5 - R6 - R52 - R7 - R8 - R28 - R41 - R53 - R9 - R10 - R29 - R42 - R54 - R11 - R55 - R12 - R30 - R43 - R56 - R13 - R31 - R44 - R57 - R14 - R32 - R15 - R58 - R16 - R33 - R45 - R59 - R17 - R18 - R34 - R60 - R19 - R46 - R61 - R20 - R35 - R62 - R47 - R21 - R63 - R22 - R36 - R64 - R23 - R37 - R65 - R66 - R24 - R48 - R25 - R38 - R67 - R26 - R68 - R27 - R39 - R69 - R70 - R49 - R71 - R40 - R50 - R72.**

# Présentation d'une règle

**Tableau de la règle** pour bien comprendre la difficulté orthographique. La présentation visuelle aide la perception et la mémoire.

**Exercices d'apprentissage** contenant les mots à savoir en fin de CE2 (liste établie d'après la fréquence et la difficulté des mots).

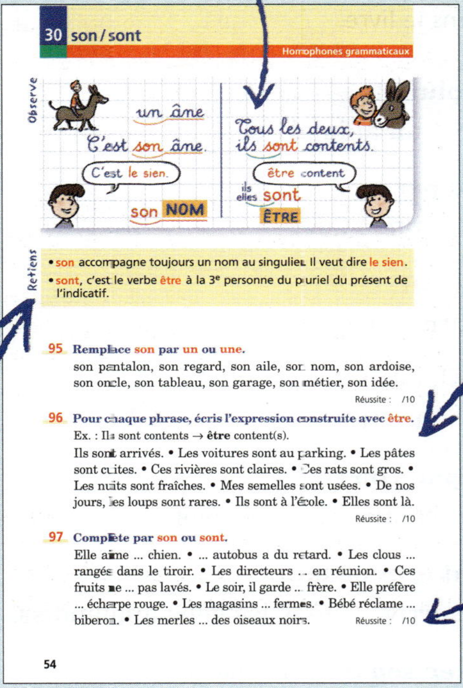
30 son / sont

Homophones grammaticaux



Retiens

- son accompagne toujours un nom au singulier. Il veut dire le sien.
- sont, c'est le verbe être à la 3e personne du pluriel du présent de l'indicatif.

**95** **Remplace son par un ou une.**
son pantalon, son regard, son aile, son nom, son ardoise, son oncle, son tableau, son garage, son métier, son idée.
Réussite : /10

**96** **Pour chaque phrase, écris l'expression construite avec être.**
Ex. : Ils sont contents → **être** content(s).
Ils sont arrivés. • Les voitures sont au parking. • Les pâtes sont cuites. • Ces rivières sont claires. • Ces rats sont gros. • Les nuits sont fraîches. • Mes semelles sont usées. • De nos jours, les loups sont rares. • Ils sont à l'école. • Elles sont là.
Réussite : /10

**97** **Complète par son ou sont.**
Elle aime ... chien. • ... autobus a du retard. • Les clous ... rangés dans le tiroir. • Les directeurs ... en réunion. • Ces fruits ne ... pas lavés. • Le soir, il garde ... frère. • Elle préfère ... écharpe rouge. • Les magasins ... fermés. • Bébé réclame ... biberon. • Les merles ... des oiseaux noirs.
Réussite : /10

54

**Notation** facile des exercices, sur 10 ou 20 points.

**Formulation de la règle** présentée dans le tableau.

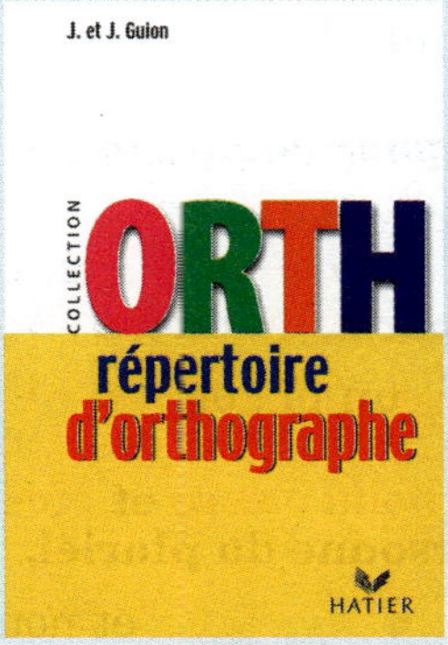


Dans son **Répertoire d'orthographe ORTH**, chaque élève note les mots sur lesquels il fait des erreurs. Le système de classement met en évidence la liste personnelle des mots à apprendre, regroupés par difficulté. L'élève comprend alors les causes de ses erreurs et les corrige facilement.

# Test de départ

*Ce test correspond à des règles d'orthographe qui sont au programme de CE2. Il peut être passé en deux fois.*

Réponds sans regarder dans le livre.

**1 Écris ces noms au pluriel.**

une roue : des ... un animal : des ...

**2 Complète par on ou par om.**

un n...bre une r...de

**3 Complète par et ou est.**

Pierre aime la lecture ... le calcul.

**4 Que manque-t-il : ail, eil, aille ou eille ?**

une or... un trav...

**5 Complète les mots par s ou ss.**

Son voi...in a un ba...in avec des poi...ons.

**6 Accorde en ajoutant e, es ou ent.**

Le premier coureur arriv... . Tous les gens applaudiss... .

**7 Copie cette phrase en séparant les mots.**

Ellemadonnéunabricot. ..............................................

**8 Écris à la 3e personne du singulier du présent de l'indicatif.**

*écouter* : en ce moment, il ... *écrire* : en ce moment, il ...

**9 Choisis entre a et à pour compléter.**

L'enfant ... trouvé la cachette.

**10 Complète ces mots par g, gu ou ge.**

un ma...asin un pi...on

**11 Conjugue avoir une belle classe et être contents au présent de l'indicatif, 1re personne du pluriel.**

Cette année, nous ...................... et nous ...................... .

**12 Choisis entre on et ont pour compléter.**

Tous les appartements ... un balcon.

**13 Écris les verbes entre parenthèses à l'imparfait de l'indicatif.**

L'an passé, elle (*venir*) ...................... souvent le jeudi et elle (*manger*) ...................... avec nous.

**14 Les accents sur les e ont été enlevés. Remets-les.**

Le lievre s'est cache dans les hautes herbes du pre.

**15 Accorde les adjectifs.**

Le clown portait une chemise vert... avec des étoiles doré... .

**16 Il manque une lettre muette à ces mots. Ajoute-la.**

C'est un élève curieu... et bavar... .

**17 Écris la phrase en mettant le verbe au passé composé.**

Il demande son chemin.
Hier, il .......................................... .

**18 Accorde le participe passé.**

Les bureaux sont fermé... le samedi.

**19 Choisis entre ce et se pour compléter.**

L'âne ... détacha et ... sauva.

**20 Écris les verbes entre parenthèses au futur.**

Demain, nous (*aller*) .. .................... chez ma tante et je (*dormir*) ...................... sur le canapé.

Note : ...... /20
(1 point par question entièrement réussie)

Dans ce tableau, entoure les numéros des questions où tu as fait des erreurs. À côté, il y a les numéros des règles que tu as besoin d'apprendre.

| | | | | | | | |
|---|---|---|---|---|---|---|---|
| 1 | R41 R42 | 6 | R47 | 11 | R54 | 16 | R23 |
| 2 | R10 | 7 | R4 | 12 | R38 | 17 | R67 |
| 3 | R28 | 8 | R56 R57 | 13 | R61 R62 | 18 | R48 |
| 4 | R8 | 9 | R29 | 14 | R16 R17 | 19 | R34 |
| 5 | R12 | 10 | R13 R14 | 15 | R46 | 20 | R63 R64 |

# Observation de la langue

• Dix fiches proposent des exercices d'observation. Elles sont présentées dans un ordre croissant de difficulté.

• À la fin de chaque fiche, une mention rappelle le barème de notation, qui est très simple : un point par réponse juste.

# 1 fiche d'observation

**alphabet**

**voyelles** consonnes →

**a** b c d
**e** f g h
**i** j k l m n
**o** p q r s t
**u** v w x
**y** z

| | |
|---|---|
| **début** | a b c d<br>e f g h |
| **milieu** | i j k l m n<br>o p q r s t |
| **fin** | u v w x<br>y z |

### 1 Dans l'alphabet, compte :

- le nombre de lettres : ...
- le nombre de voyelles : ...
- le nombre de consonnes : ...

### 2 Observe l'alphabet.

- Écris la 1re lettre : ...
- Écris la 2e lettre : ...
- Écris la 3e lettre : ...
- Écris la dernière lettre : ...

### 3 Est-ce vrai ou faux ?

1. **b** est au début de l'alphabet : ...
2. **m** est au milieu de l'alphabet : ...
3. **x** est à la fin de l'alphabet : ...
4. **c** est au milieu de l'alphabet : ...
5. **p** est au début de l'alphabet : ...
6. **d** est après **c** : ...
7. **e** est après **b** : ...
8. **i** est après **l** : ...

### 4 Écris ces lettres dans l'ordre de l'alphabet.

Ex. : b, a, d → *a b d*

g, h, f : ...
v, u, w : ...
s, r, p : ...

n, i, m : ...
k, j, i : ...

20 réponses à trouver,
20 points à gagner !

# 2 fiche d'observation

**alphabet** →

a b c d
e f g h
i j k l m n
o p q r s t
u v w x
y z

## 1 Est-ce vrai ou faux ?

1. b est avant d : ...
2. h est après f : ...
3. j est après l : ...
4. p est avant h : ...
5. v est après u : ...
6. s est avant y : ...
7. n est avant o : ...

## 2 Trouve les cinq cercles qui ont deux lettres différentes.

1 f f — 2 v v — 3 k l — 4 a a — 5 l h

6 s z — 7 y y — 8 q p — 9 x x — 10 z s

## 3 Dans l'ordre de l'alphabet, où écris-tu le mot maison ? Aide-toi de la première lettre de chaque mot.

Ex. : ... jaune ... radis ... → **j**aune maison **r**adis.

- ... bus ... train ...
- ... fenêtre ... image ...
- ... porte ... savoir ...
- ... lundi ... neige ...

## 4 Voici quatre groupes de trois mots. Range-les chaque fois dans l'ordre de l'alphabet.

- machine - bras - force.
- vent - orage - montagne.
- papillon - violette - surprise.
- oiseau - semaine - route.

20 réponses à trouver,
20 points à gagner !

**ALPHABET**

| | | | | | |
|---|---|---|---|---|---|
| **A** | B | C | D | | |
| 1 | 2 | 3 | 4 | | |
| **E** | F | G | H | | |
| 5 | 6 | 7 | 8 | | |
| **I** | J | K | L | M | N |
| 9 | 10 | 11 | 12 | 13 | 14 |
| **O** | P | Q | R | S | T |
| 15 | 16 | 17 | 18 | 19 | 20 |
| **U** | V | W | X | | |
| 21 | 22 | 23 | 24 | | |
| **Y** | Z | | | | |
| 25 | 26 | | | | |

### 1 Est-ce vrai ou faux ?

Ex. : C est entre B et D : *vrai*

1. X est entre Y et Z : ...
2. O est entre N et P : ...
3. E est entre D et F : ...

### 2 Observe l'alphabet.

- Quelle est la quatrième lettre ? ...
- Quelle est la sixième lettre ? ...
- Quelle est la douzième lettre ? ...
- Quelle est la vingtième lettre ? ...

### 3 Quel est le rang des lettres suivantes ?

Ex. : E → 5e.

O → ... N → ... G → ...
R → ... Y → ...

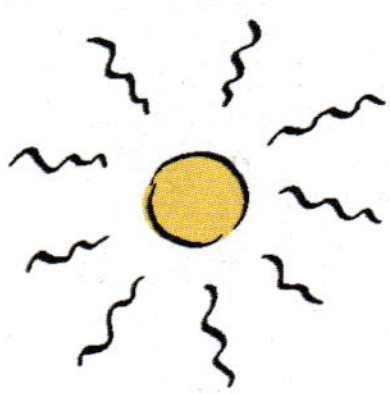

### 4 Trouve les cinq cercles qui ont deux lettres différentes.

| 1 | 2 | 3 | 4 | 5 |
|---|---|---|---|---|
| a A | f E | t T | h H | m N |
| **6** | **7** | **8** | **9** | **10** |
| r R | c G | b D | i J | l L |

### 5 Voici trois groupes de noms de villes. Range-les chaque fois dans l'ordre alphabétique.

- PARIS - LYON - MARSEILLE.
- NICE - GRENOBLE - LILLE.
- TOULOUSE - STRASBOURG - RENNES.

20 réponses à trouver,
20 points à gagner !

# 4 fiche d'observation

**Alphabet**

A B C D
E F G H
I J K L M N
O P Q R S T
U V W X
Y Z

**1** **Est-ce toujours la même lettre ? Réponds par oui ou non.**

1. r r R R
2. F t T t
3. i I I i
4. D b D d
5. S s s S
6. V v V u
7. a A A a
8. G g G g

**2** **Voici des groupes de trois prénoms. Range-les dans l'ordre alphabétique.**

- Marlène, David, Akim.
- Laure, Hervé, Isabelle.
- Philippe, Samia, Régine.

**3** **Voici un alphabet écrit avec différentes écritures. Il manque quatre lettres. Lesquelles ?**

A B c d e F g H j k l
n O P q r S t v w Y z

**4** **Enlève cinq mots et tous les autres seront rangés dans l'ordre alphabétique.**

ami - bonbon - plage - enfant - gros - image - sage - jupe - lait - chapeau - porte - rose - triste - mouche - usine - valise - fenêtre - zoo.

20 réponses à trouver, 20 points à gagner !

# 5 fiche d'observation

**Comment ranger les mots par ordre alphabétique**

- Regarde la 1re lettre :
  1. a.............
  2. b.............
- Si la 1re lettre est la même, regarde la 2e lettre :
  1. abricot
  2. adroit
- Si les lettres du début sont les mêmes, cherche la 1re lettre qui change :
  1. ange
  2. animal

  1. autobus
  2. autocar

**1 Dans chaque cadre, les mots sont-ils rangés dans l'ordre alphabétique ? Réponds par oui ou non.**

1. 1. ardoise 2. bureau
2. 1. magasin 2. bazar
3. 1. lièvre 2. tortue
4. 1. pondre 2. œuf
5. 1. école 2. domino
6. 1. renard 2. singe

**2 Sur chaque ligne, écris le mot bouquet à la bonne place, dans l'ordre alphabétique.**

- ... grenouille ...
- ... bras ...
- ... balcon ...
- ... botte ...
- ... boulanger ...
- ... boutique ...

**3 Voici trois listes de mots. Écris-les chaque fois dans l'ordre alphabétique.**

- abeille - arbre - aviateur - animal - aller.
- minute - merci - moteur - mars - moment.
- rosée - roulette - rond - roue - rondelle.

**4 Le robot n'a pas su réciter l'alphabet. Enlève les lettres qu'il a mises en trop.**

a b c d i e f c g h i j k l m n
n o p t q r s t u v l w x y z

20 réponses à trouver,
20 points à gagner !

# 6 fiche d'observation

**1 Quand tu utilises un dictionnaire, où cherches-tu les mots qui correspondent aux dessins ? Écris ces mots.**

Ex. : Tu ne trouves pas à **f**.
Tu cherches à **ph**.
Tu trouves le mot **phare**.

1. Tu ne trouves pas à **j**.
Tu cherches à … .
Tu trouves le mot … .

2. Tu ne trouves pas à **o**.
Tu cherches à … .
Tu trouves le mot … .

3. Tu ne trouves pas à **s**.
Tu cherches à … .
Tu trouves le mot … .

4. Tu ne trouves pas à **u**.
Tu cherches à … .
Tu trouves le mot … .

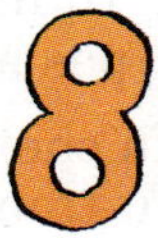

5. Tu ne trouves pas à **é**.
Tu cherches à … .
Tu trouves le mot … .

**2 Le robot est déréglé. Il écrit les mots avec une syllabe de trop ! Corrige ses erreurs.**

la limolinade - une locomocotive - une malamadie
un canapépé - du chococholat - la contufiture.

**3 Le robot écrit n'importe quoi ! Remets les lettres dans l'ordre pour retrouver les mots qu'il voulait écrire.**

l t i — b n n o o b — r a e b r — t u d é e — u a g e n

**4 Dans quels mots retrouves-tu ces syllabes ?**

**ver** avertir durer vernir livre

**gra** garnir grave rage agrafe

20 réponses à trouver,
20 points à gagner !

## 7 fiche d'observation

**1 Quand tu utilises un dictionnaire, où cherches-tu les mots qui correspondent aux dessins ? Écris ces mots.**

Ex. : Tu ne trouves pas à **i**.
Tu cherches à **h**.
Tu trouves le mot **hibou**.

1. Tu ne trouves pas à **qu**.
Tu cherches à ... .
Tu trouves le mot ... .

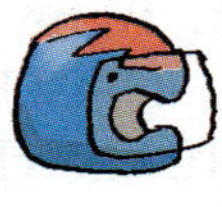

2. Tu ne trouves pas à **en**.
Tu cherches à ... .
Tu trouves le mot ... .

3. Tu ne trouves pas à **s**.
Tu cherches à ... .
Tu trouves le mot ... .

4. Tu ne trouves pas à **é**.
Tu cherches à ... .
Tu trouves le mot ... .

5. Tu ne trouves pas à **c**.
Tu cherches à ... .
Tu trouves le mot ... .

**2 Le robot est déréglé. Il écrit les mots avec une syllabe de trop ! Corrige ses erreurs.**

un amalnimal – la chemichenée – le jardijarnier
la marmimite – la matimanée – un mouchemouron.

**3 Le robot écrit n'importe quoi !**
**Remets les lettres dans l'ordre**
**pour retrouver les cinq mots qu'il voulait écrire.**

m o o n t u — a v e s — a c t h — p o t e s — é l u m e g

**4 Dans quels mots retrouves-tu ces syllabes ?**

**gre** léger tigre langue grenouille

**for** froid forte informer tordu

20 réponses à trouver,
20 points à gagner !

# 8 fiche d'observation

Pendant la leçon de conjugaison,
la maîtresse demande :
– Quand je dis : il pleuvra,
c'est quel temps ?
– Le mauvais temps, madame,
répond Christophe.

**1 Reconnais-tu ces mots ? Écris-les.**

une leç... un garç... un maç... un glaç... une faç...
la maîtr... la vit... la rich... une tr... la princ...

**2 Le robot a voulu écrire quatre mots de l'histoire, mais il a mélangé les syllabes. Retrouve ces mots.**

damame vaismau jusoncongai vrapleu

**3 Cherche dans le texte du haut de la page trois mots qui représentent une personne. Écris-les.**

**4 Le robot s'est encore trompé. Il écrit u au lieu de a. Corrige ses trois messages.**

Je n'ui pus de purupluie.

Il fuit muuvuis ce mutin.

On iru s'ubriter duns lu cubune.

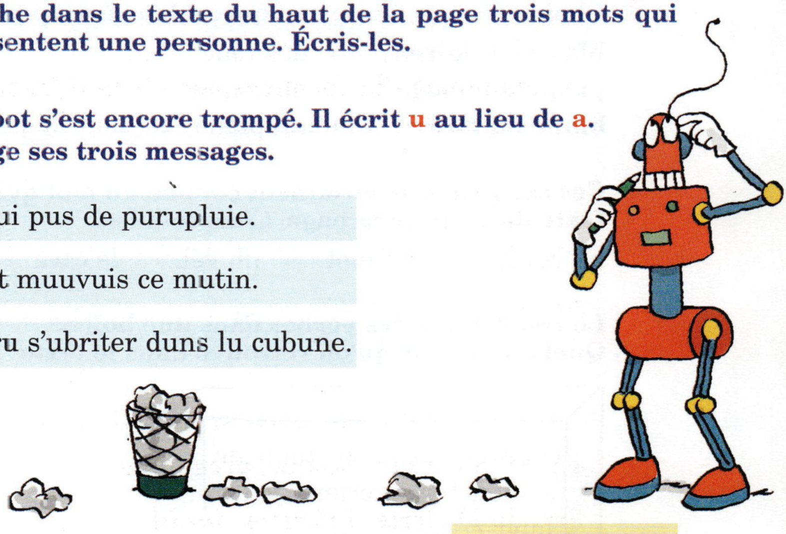

20 réponses à trouver,
20 points à gagner !

# 9 fiche d'observation

– Maman, est-ce que je peux jouer du piano ? demande Émilie.
– Oui, mais il faut d'abord te laver les mains.
– Oh ! ce n'est pas la peine, je jouerai seulement sur les touches noires.

**1 Sur chaque ligne, retrouve un mot de l'histoire.**

- bouche - touche - couche - souche - louche.
- veine - peine - reine - Seine.
- poire - boire - Loire - foire - noire.

**2 Cinq de ces syllabes sont dans des mots de l'histoire. Trouve-les.**

| | | | | | |
|---|---|---|---|---|---|
| pai | bro | por | rai | moi | pie |
| noi | roi | tou | pei | ton | jou |

**3 Choisis chaque fois le mot qui est bien écrit pour compléter.**

**blanc** ou **noires** ? → des touches ...
**propres** ou **sale** ? → des mains ...
**blanc** ou **noire** ? → un piano ...

**4 Ces cinq mots se terminent comme un mot qui est dans le texte du haut de la page. Complète-les.**

un lavab...   une mot...   un vél...   le caca...   une aut...

**5 Le robot a mis des verbes dans une boîte. Quels sont ceux qu'on retrouve dans le texte ?**

chanter pouvoir manger
doucher crier jouer
ouvrir laver demander

20 réponses à trouver, 20 points à gagner !

# 10 fiche d'observation

C'est la leçon de calcul.
Le maître demande :
– Antoine ! Si tu as deux poissons dans ton assiette et si tu en manges deux, que reste-t-il ?
– Les arêtes, monsieur.

**1 Quels sont les mots qui sont dans l'histoire du haut de la page ?**

poison - maire - mètre - ton - poissons - maître - thon - mettre.

**2 Cinq de ces syllabes sont dans des mots de l'histoire. Trouve-les.**

ser mau nou man lac mon toi
boi beu cal pio res cla foi

**3 Cherche dans le texte du haut de la page :**

- le mot qui a **deux t** ;
- les deux mots qui ont **deux s** ;
- les quatre mots qui contiennent **an**.

**4 Complète par le singulier ou par le pluriel.**

le maître → les ...
un ... → deux poissons
l'arête → les ...
la leçon → les ...
une assiette → deux ...

20 réponses à trouver,
20 points à gagner !

# Règles d'orthographe

- Les règles sont regroupées sous cinq rubriques :
  - les notions de base,
  - l'orthographe d'usage,
  - les homophones grammaticaux,
  - les accords en genre et en nombre,
  - les formes verbales.

Le professeur les fera étudier dans l'ordre qui correspond aux besoins de sa classe. Il pourra également suivre la progression proposée page 4.

- Pour permettre de calculer facilement une note, les exercices sont prévus avec cinq ou dix réponses.

# 1 le groupe du nom

Notions de base

Observe

Retiens

- **Le nom** est un mot qui désigne une personne, un animal, une chose ou une idée.
- **Le groupe du nom** est formé d'un petit mot (*un, une, des, le, la, les, mon, ma, mes...*) suivi d'un nom, avec parfois un ou deux adjectifs.

**1 Classe ces mots en quatre groupes suivant qu'ils représentent une personne, un animal, une chose ou une idée.**

une grenouille, une dent, un pêcheur, un disque, un tabouret, un vase, un corbeau, une vipère, un instrument, la force.

Réussite : /10

**2 Écris seulement les noms en ajoutant un ou une.**

film, soupière, mélanger, sacoche, écharpe, donner, partout, plat, vivre, joue, diriger, langue, nid, nappe, utile, sardine.

Réussite : /10

**3 Dessine « une cuillère » sous chaque groupe du nom.**

Ex. : C'est mon gros chat noir. → C'est mon gros chat noir.

Le train part dans une minute. • Mets un pantalon propre. • Je n'ai pas ce joli timbre dans ma collection. • Chez ma grand-mère, c'est le coq qui me réveille le matin. • J'ai aidé ce vieux monsieur à traverser la rue.

Réussite : /10

# 2 le verbe

Notions de base

Observe

Retiens

- **Le verbe** est un mot qui indique en général **ce que l'on fait** : *bondir, s'envoler.*
- Le verbe peut se conjuguer : *je bondis, tu bondis, il bondit...*

**4 Relève les verbes de la liste suivante.**

laver, chapeau, saluer, féminin, moudre, respirer, radis, tenir, jaune, continuer, rire, bas, avertir, gauche, porter, savoir.

Réussite : /10

**5 Souligne les verbes de ces phrases.**

Maman garde le bébé de la voisine. • Montre-moi cette photo. • Je recouds un bouton. • Ne triche pas au jeu. • Il veut une pomme. • Si tu cries, les oiseaux s'envoleront. • Elle viendra tout à l'heure. • Il va mieux. • Les élèves prennent leur ardoise.

Réussite : /10

**6 Souligne les verbes de ces phrases.**

Je ferme la porte. • Le train arrive en gare. • Le match commencera à six heures. • Tu dis des sottises. • On trouve des piles dans ce magasin. • Grand-mère conduit trop vite. • Regarde de chaque côté, puis traverse. • Écoutons cette chanson. • Il joue du piano.

Réussite : /10

# 3 l'adjectif

Notions de base

Observe

Retiens

- **L'adjectif** est un mot qui accompagne le nom. Il dit **comment est** une personne, un animal ou une chose : elle est *grande*, il est *long*.

**7 Relève les adjectifs de la liste suivante.**

écrire, sot, peureux, docteur, fort, papier, adroit, bleu, épine, plonger, dur, plaisir, chaud, douloureux, répondre, sportif, plage, vieux. Réussite : /10

**8 Souligne les adjectifs de ces phrases.**

Il fait un temps magnifique. • Ce virage est dangereux. • C'est un outil très pratique. • Il est fou ! • Connais-tu la belle histoire du vilain petit canard ? • Je voudrais un vélo neuf. • Ils ont un chat noir à poils longs. Réussite : /10

**9 Souligne les adjectifs de ces phrases.**

Ce jambon est trop gras. • L'herbe est haute. • Éric est le plus jeune des deux. • L'avion était invisible dans le ciel. • Il souffre d'une grave blessure. • Tu es légère comme une plume ! • Bébé a la peau douce. • Attention à ce vase : il est fragile ! • Ma grande sœur est frileuse. Réussite : /10

# 4 le pronom

Notions de base

Règles

Observe

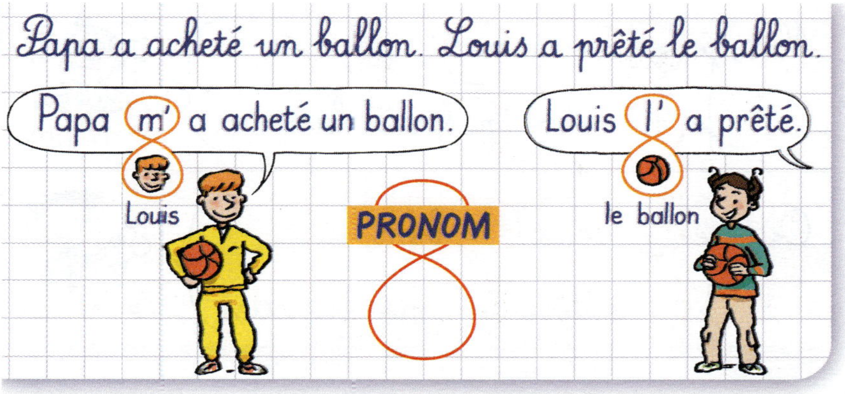


Retiens

- **Le pronom** est un petit mot qui **remplace un groupe du nom**. Il faut toujours penser à ce qu'il représente.
- Avant une voyelle, le pronom s'écrit avec une apostrophe.

**10** **Dans le cadre sur fond bleu, trouve le groupe du nom qui correspond à chaque phrase.**

| | |
|---|---|
| Anne **le** regarde grignoter une carotte. | les maçons |
| Les enfants **la** voient dans le ciel. | la corde |
| Maman **les** presse pour faire un jus. | le lapin |
| Christophe **les** appelle pour jouer. | ses cheveux |
| Le chien **l'**a coupée avec ses dents. | les oranges |
| On **l'**étend sur des fils. | la lune |
| Papa **l'**a remonté pour qu'il sonne. | le linge |
| Lucas **les** regarde construire un mur. | sa mère |
| Magali se **les** brosse chaque jour. | le réveil |
| Alice **l'**aide à mettre le couvert. | ses copains |

Réussite : /10

**11** **Écris ces phrases en séparant les mots.**

Ilmaachetéunlivre. • Vousmavezfaitpeur. • Ellesecouelatête. Ellemaprêtéundisque. • Ellesarrachentdesradis. • Jetécoute. Onsamusebien. • Ilsendortvite. • Jelaivu. • Onlècheuneglace.

Réussite : /10

# 5 la négation

Notions de base

**Observe**

Non, je (ne) veux (pas) !
Je (n') enlève (pas) mes lunettes.

P'TIT NON

Oui, je ( ) veux ( ) bien.
J'( ) enlève ( ) mes lunettes.

P'TIT OUI

**Retiens**

- **La négation** est formée de deux mots : **ne** et **pas** (ou : **ne** ... **plus**, **ne** ... **jamais**, **ne** ... **rien**).
- Avant une voyelle, **ne** devient **n'** : *je n'enlève pas.*

**12 Voici des phrases de « P'tit Oui ». Fais-les dire à « P'tit Non ».**

Ex. : J'enlève mes lunettes. → Je (n') enlève (pas) mes lunettes.

Je prends mon écharpe. • L'oiseau s'échappe de sa cage. • La fermière enferme ses poules. • On apporte ses jouets à l'école. • J'échange une image contre deux billes. • Tu ouvres la porte. • Papa achètera le pain. • Tu utilises tes crayons ? • J'aime les bananes. • J'ai beaucoup d'amis. Réussite : /10

**13 Écris ces phrases en séparant les mots.**

Ilnevientpas. • Ellenestpaslà. • Ilnepleutplus. • Jenaipasfroid. • Latortuenestpasrapide. • Jenaimepasleriz. • Onnapasfini. • Ellenoublierien. • Tunécoutesjamais. • Ilnestpastombé.

Réussite : /10

**14 Écris les phrases qui ont une négation.**

Margaux n'est pas sotte. • Julien mange peu. • Je n'ai plus de craie. • Il ne veut rien. • Mon dessin est bientôt terminé. • Mon frère n'a jamais peur. • Le voyage sera long. • On ne grandit pas vite. Réussite : /5

# 6 l'interrogation



Observe

Retiens

- Quand une phrase exprime **une question**, les mots peuvent changer de place. Il faut toujours chercher la phrase simple qui correspond : *Ira-t-elle ?* correspond à : *Elle ira.*

**15** **Voici des phrases qui posent des questions. Fais-les dire à « P'tit Oui ».**

Ex. : Ira-t-elle à l'école ? → P'tit Oui : Elle ira à l'école.

Avez-vous déjeuné ? • Veux-tu des feutres ? • Porte-t-il un chapeau ? • Aime-t-elle les frites ? • Marquera-t-on un but ? • Mettrons-nous une veste et des bottes ? • Choisira-t-il ce métier ? • A-t-elle une sœur ? • Apprend-on cette leçon ? • Est-elle contente ?

Réussite : /10

**16** **Écris ces phrases en séparant les mots. Pense bien au trait d'union.**

Ex. : Iratelleàlécole ? → Ira-t-elle à l'école ?

Irastuàlafête ?
Estellejolie ?
Estugrand ?
Atiluneauto ?
Cecouteaucoupetil ?

Pilotetilunavion ?
Soulèverezvouscesac ?
Sortiratellebientôt ?
Parlentilsenclasse ?
Combienavezvousdefrères ?

Réussite : /10

# 7 in / ein / ien

Orthographe d'usage

Observe

Retiens

- **ein** se prononce comme **in**.
- Dans **ien**, on entend deux sons : « i-in ».

**17 Choisis entre in et ien.**

le mat..., un ch..., un magas..., un dess..., c'est b..., c'est anc..., des pép...s, un chem..., un magic..., un jard... . Réussite : /10

**18 Choisis entre in et ien.**

un music... , c'est le t... , du rais... , un coméd... , un bass..., mascul... , fémin... , un chirurg... , un moul... , un requ... .

Réussite : /10

**19 Choisis entre ein et ien.**

Le fr... de mon vélo est cassé. • Le gard... est absent. • Ce manteau est le m... . • Le carton est pl... . • Il a mal aux r...s. • Comb... en voulez-vous ? • Ét...s la lumière. • Non, je ne veux r... . • Est-ce qu'elle v...dra ? • On va rep...dre la cuisine.

Réussite : /10

**20 Dictée.**

Mon chien est plein de puces, mais ça ne fait rien, je l'aime bien. Le soir, il vient à ma rencontre sur le chemin de l'école. C'est mon ange gardien.

# 8 ail, eil, euil / aill, eill, euill, ouill

Orthographe d'usage

**Observe**

| | | | |
|---|---|---|---|
| un portail | un ...ail | il travaille | il ...aille |
| le soleil | le ...eil | la corbeille | la ...eille |
| un fauteuil | un ...euil | une feuille | une ...euille |
| | | une grenouille | une ...ouille |

À la fin du mot, au masculin.

Noms au féminin + verbes

**Retiens**

- On écrit **ail**, **eil**, **euil** à la fin d'un mot masculin : *un portail*.
- On écrit **aille**, **eille**, **euille**, **ouille** à la fin d'un mot féminin et d'un verbe : *une corbeille, il travaille.*
- À l'intérieur d'un mot, on écrit toujours **aill**, **eill**, **euill**, **ouill** : le *feuillage, il travaillait*.

**21** **Écris ces mots en ajoutant un ou une.**

portail, feuille, appareil, écureuil, caille, fauteuil, oreille, grenouille, conseil, maille. Réussite : /10

**22** **Complète par ail ou aille, eil ou eille.**

une ab... , le sol... , la bat... , une corb... , de la p... , une éc... , une bout... , un rév... , une merv... , un trav... . Réussite : /10

**23** **Complète par il ou ille.**

une jolie méda... , des nou...s fraîches, une feu... de papier, les ra...s du train, de la rou... , je trava... , des tena...s, il se mou... , un chevreu... , il se réve... . Réussite : /10

# 9 ay, oy, uy

Orthographe d'usage

**Observe**

un crayon

un voyage

essuyé

| on prononce | on écrit |
|---|---|
| ai - ion | ayon |
| oi - ia | oya |
| ui - ié | uyé |

**Retiens**

• Après **a**, **o**, **u**, la lettre **y** correspond en général à **deux i**.

**24** **Complète par ay, oy ou uy.**

Veux-tu bal...er ? • Le chien a ab...é. • Elle va t'env...er une lettre. • Ils ont p...é leur l...er. • Elle est au cours m...en. • Cet article est au r...on droguerie. • Nett...ons le garage ! • Ess...ons la poussière. • C'est un cr...on de couleur.

Réussite : /10

**25** **Complète par ay, oy ou uy.**

Tu vas t'enn...er. • Le feu brûle dans le f...er de la cheminée. • Il a app...é l'échelle contre le mur. • Il v...age beaucoup. • C'est une empl...ée des postes. • Maman va ess...er une robe. • C'est une rue br...ante. • J'ai acheté un pull à r...ures. • Michel est j...eux. • Il est de taille m...enne. Réussite : /10

**26** **Dans quels mots la lettre y correspond-elle à un seul i ?**

un pyjama, un paysage, un voyageur, une pyramide, un cyclone, il croyait, un mystère, nous voyons, une syllabe, le noyer, le jury, une voyelle, un cygne, un rayonnage, un cycliste, le nettoyage, un stylo, la gymnastique. Réussite : /10

# 10 m avant m, b, p

Orthographe d'usage

Règles

**Observe**

| | on entend | avant m, b, p, on écrit |
|---|---|---|
| emmener | en | emm |
| la jambe | an | amb |
| un timbre | in | imb |
| un pompier | on | omp |

em, am, im, om + m, b, p

⚠ sauf : bonbon

**Retiens**

- La lettre **n** devient **m** quand elle est suivie d'un **m**, d'un **b** ou d'un **p** : *emmener, la jambe, un pompier*.

**27** **Complète par an ou am, on ou om.**

une ...bre, bl...chir, un n...bre, une r...pe, c...pliqué, une m...tagne, un t...bour, une rép...se, la gr...deur, un t...pon.

Réussite : /10

**28** **Complète par on ou om, in ou im.**

un ...perméable, une f...taine, s...bre, ...juste, une tr...pette, un c...pagnon, gr...per, la c...duite, une ép...gle, une p...pe.

Réussite : /10

**29** **Complète par en, on, in ou par em, om, im.**

...suite, c'est ...possible, une m...tre, t...ber, c'est ...portant, le d...tiste, un b...bon, ...core, un c...pliment, l'...parfait.

Réussite : /10

**30** **Dictée.**

Il fait sombre. Maxime a manqué une marche et il est tombé dans l'escalier. Il a mal. On l'emmène passer une radio.
– Tu as de la chance, lui dit le médecin. Ta jambe n'est pas cassée.

# 11 mots contenant ex ou es

Orthographe d'usage

Observe

Retiens

- À l'intérieur des mots, la lettre **x** se prononce en général « ks ».
- Quand un mot commence par **ex-**, la lettre **x** se prononce « ks » avant une consonne et « gz » avant une voyelle : *un exposé, un exemple.*

**31** **Complète par s ou x.**

un bo...eur, di...cuter, un ta...i, ju...qu'à ce soir, une école mi...te, lu...ueux, un di...que, à pro...imité, un ma...que, des fi...ations de ski. Réussite : /10

**32** **Complète par es ou ex.**

un ...calier, bien ...pliquer, une ...trade, un ...cargot, une ...position, un ...cabeau, à l'...térieur, l'...pace, un ...emple, l'...tomac. Réussite : /10

**33** **Complète par s, x, es ou ex.**

une ...plosion, une ...calade, di...tribuer, des ...cuses, avoir pr...que fini, un in...pecteur, l'...poir, un ca...que, regarder fi...ement, une ...plication. Réussite : /10

# 12 s / ss

Orthographe d'usage

Observe

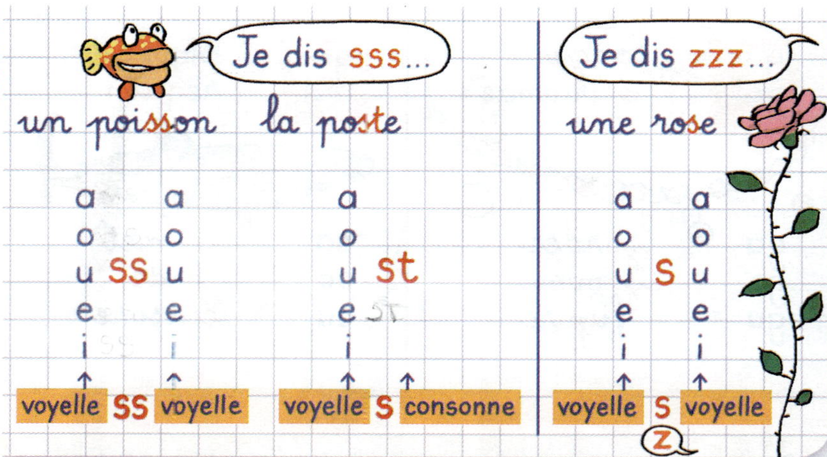


Retiens

- Le son « s » s'écrit avec **deux s** s'il y a une voyelle juste avant et une voyelle juste après : *un poisson*. S'il n'est pas entre deux voyelles, **un seul s** suffit : *la poste*.
- Le son « z » s'écrit très souvent avec la lettre **s** : *une rose*.

**34** **Complète par s ou ss selon que tu as le son « z » ou le son « s ».**

une bro...e, repa...er, un tré...or, le pa...é, une égli...e, une ardoi...e, une écrevi...e, de...iner, une sauci...e, une cho...e.

Réussite : /10

**35** **Complète par s ou ss. Observe bien la lettre qui est juste avant et celle qui est juste après.**

des tre...es, une ve...te, c'est u...é, une divi...ion, un in...ecte, un ba...in, la maître...e, une blou...e, en...uite, au...i. Réussite : /10

**36** **Complète par s ou ss.**

une lettre maju...cule ; une plante gra...e ; traver...ons la rue ; sourire tri...tement ; une sai...on pluvieu...e ; un chien de cha...e ; une cui...on in...uffisante ; une table ba...e.

Réussite : /10

# 13 g / gu ; c / qu

Orthographe d'usage

**Observe**

| | | | |
|---|---|---|---|
| gue<br>gui | longue<br>guirlande | que<br>qui | bouquet<br>requin |

| | | | |
|---|---|---|---|
| ga<br>go<br>gu | garder<br>gomme<br>figure | ca<br>co<br>cu | carnet<br>corde<br>cuisine |

**Retiens**

- Pour avoir le son « g » de *gare*, on écrit g avant a, o, u (*garder, gomme, figure*) et gu avant e et i (*longue, guirlande*).
- Pour avoir le son « k » de *cave*, on écrit c avant a, o, u (*carnet, corde, cuisine*) et qu avant e et i (*bouquet, requin*).

**37 Complète par g ou gu.**

un lé...ume vert, tirer la lan...e, un ma...asin, des va...es, une ba...e en or, le re...ard, conju...er un verbe, une vir...ule, une ba...ette, la lon...eur. Réussite : /10

**38 Complète par c ou qu.**

un cir...e, un pi...et de tente, une é...urie, le dire...teur, en...ore, une ra...ette de tennis, de la chi...orée, fabri...er, un ...adre en bois, un li...ide très chaud. Réussite : /10

**39 Complète par g ou gu, c ou qu.**

tourner à ...auche ; elle est fati...ée ; c'est au sin...ulier ; un œuf à la co...e ; prendre des ris...es ; un ...roupe d'enfants ; rester cha...un à sa place ; se...ouer ses plumes ; distin...er un oiseau ; aller à la ban...e. Réussite : /10

# 14 g / ge ; c / ç

Orthographe d'usage

Observe

Retiens

- Pour que la lettre **g** se prononce « j », on ajoute un **e** et on écrit **ge** avant **a**, **o**, **u** : *orangeade, pigeon*.
- Pour que la lettre **c** se prononce « s », on ajoute **une cédille** et on écrit **ç** avant **a**, **o**, **u** : *façade, garçon, reçu*.

**40** **Complète par g ou ge.**

une ...erbe de fleurs ; suivre un ré...ime ; il voya...ait ; un repas lé...er ; il va ru...ir ; une bête sauva...e ; de l'oran...ade ; on man...ait des crêpes ; un beau ver...er ; un plon...on.

Réussite : /10

**41** **Complète par c ou ç.**

une grande piè...e ; effa...er le tableau ; une ré...itation très longue ; une le...on à apprendre ; la fa...ade de la maison ; voi...i l'hiver ; un ma...on adroit ; un exer...ice fa...ile ; être dé...u par une mauvaise note.

Réussite : /10

**42** **Complète par g ou ge, c ou ç.**

un rempla...ant ; un temps chan...ant ; une sor...ière ; un lima...on ; un travail ur...ent ; des bour...ons ; c'est le ...inquième ; le rin...age du linge ; un pi...on ; l'hame...on.

Réussite : /10

# 15 le découpage en syllabes

Orthographe d'usage

Observe

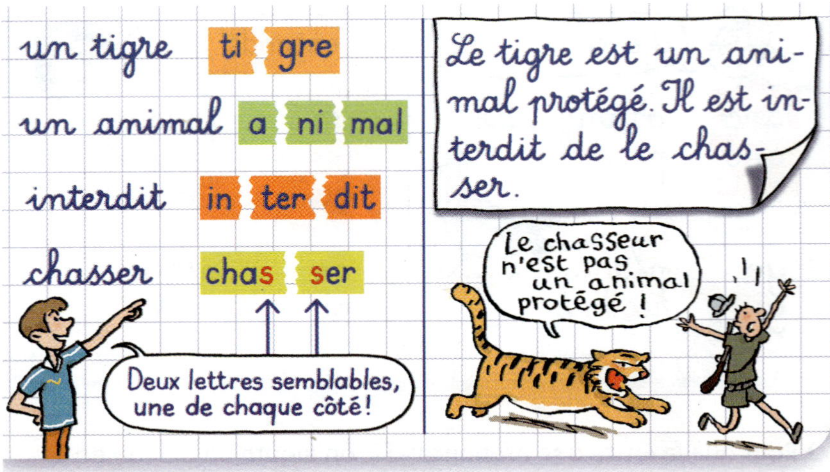


Retiens

- Les mots peuvent se couper en **syllabes** : *a-ni-mal, in-ter-dit.*
- Lorsqu'un mot a une consonne double, on coupe en syllabes entre les deux consonnes : *chas-ser.*
- Si un mot ne tient pas à la fin d'une ligne, on le coupe entre deux syllabes et on ajoute un tiret.

**43 Écris ces mots en attachant les syllabes.**

ba-var-der, do-mes-ti-que, un cir-que, un bas-sin, un pa-nier, une pier-re, une ba-vet-te, l'a-via-tion, en-fan-tin, un bal-con.

Réussite : /10

**44 Coupe les mots suivants en syllabes.**

chaudement, la grammaire, une couchette, janvier, perdu, une brosse, un briquet, un cornet, un veston, la cuisson.

Réussite : /10

**45 Comment peut-on couper ces mots en fin de ligne ?**

un camarade, un bazar, des bottines, une asperge, un castor, reprendre, une gomme, du trèfle, une échelle, un mouvement.

Réussite : /10

Règles

# 16 les accents : é, è, ê

Orthographe d'usage

**Observe**

é

Se prononce comme dans "bébé."

è ê

Se prononcent comme dans "lait."

féminin — fé mi nin

frère — frè re

fête — fê te

⚠ Tous ces accents sont à la fin d'une syllabe.

**Retiens**

- Les accents sur le **e** montrent comment on prononce cette lettre.
- Il y a l'**accent aigu** (é) pour prononcer le **é** de *féminin*.
- Il y a l'**accent grave** (è) pour prononcer le **è** de *frère*, et l'**accent circonflexe** (ê), comme dans *fête*.

**46 Écris les mots suivants en ajoutant les accents aigus (é) ou graves (è).**

ecouter, une epicerie, les levres, des etoiles, un probleme, une reponse, une idee, une vipere, ecrire, une soupiere.

Réussite : /10

**47 Écris les mots suivants en ajoutant les accents aigus (é) ou circonflexes (ê).**

une peche, une echarpe en soie, de la fumee, la fenetre, un pieton, un pecheur à la ligne, un ecriteau, beler, une reunion, une arete de poisson.

Réussite : /10

**48 Ajoute les dix accents aigus (é) ou graves (è) qui manquent.**

la rosee du matin, la puree, un siege, le cours elementaire, un piege, une bonne memoire, un chien fidele, la riviere, une matiere importante.

Réussite : /10

# 17 accent ou pas d'accent

Orthographe d'usage

Observe

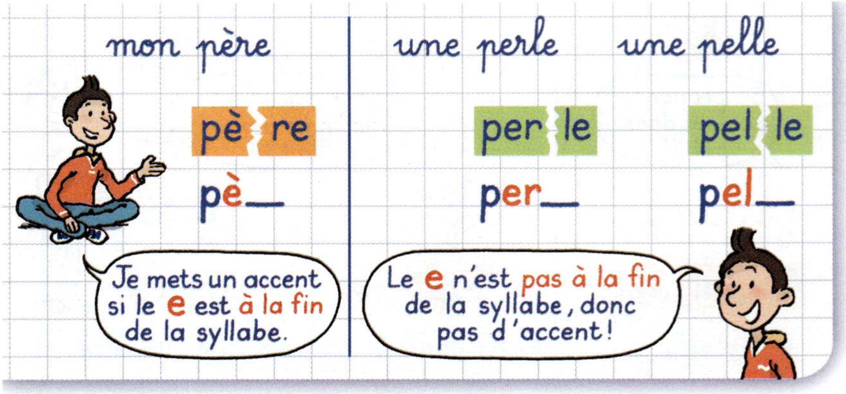


Retiens

- Il y a un accent seulement si le e est à la fin de la syllabe : *pè-re*.
- Quand un e qui se prononce « è » n'est pas à la fin de la syllabe, il n'a pas d'accent : *per-le*.
- Quand un e est suivi d'une consonne double, il n'a pas d'accent : *pel-le*.

**49 Écris ces mots en attachant les syllabes et en ajoutant les accents si c'est nécessaire.**

un ad-jec-tif, une pie-ce, une ron-del-le, un spec-ta-teur, c'est mo-der-ne, un lie-vre, fer-mer, des lu-net-tes, tra-ver-ser, du tre-fle.

Réussite : /10

**50 Écris ces mots en attachant les syllabes et en ajoutant les accents si c'est nécessaire.**

des vio-let-tes, une sor-cie-re, une cou-ver-tu-re, son pe-re et sa me-re, pres-que, le troi-sie-me, a-vec, mer-ci, une che-vre.

Réussite : /10

**51 Complète par è ou e.**

mademois...lle, enf...rmer, un z...bre, une mou...tte, mon fr...re, d...rri...re, une figue s...che, des sem...lles, un ch...f, le dixi...me.

Réussite : /10

# 18 noms terminés par -eur

Orthographe d'usage

Observe

le chanteur — la chaleur

le ___eur — la ___eur

MASCULIN — FÉMININ

⚠ sauf : le beurre — ⚠ sauf : une heure, une demeure

⚠ _œur : le cœur — ⚠ _œur : une sœur

Retiens

- Tous les noms terminés par le son « eur » s'écrivent **eur** : *le chanteur, la chaleur*. Sauf : *une heure, une demeure, le beurre.*
- Deux mots s'écrivent **œur** : *une sœur, un cœur.*

**52 Écris ces mots en ajoutant le ou la.**

sueur, spectateur, largeur, directeur, facteur, chaleur, peur, douleur, visiteur, promeneur. Réussite : /10

**53 Complète ces noms en t'aidant du tableau ci-dessus.**

un vol... , une fl... , un voyag... , un chass... , une lu... , sa s... , une longu... , la blanch... , du b... , une coul... . Réussite : /10

**54 Complète ces noms en t'aidant du tableau ci-dessus.**

la val... , une od... , le c... , un vend... , un min... , la gross... , une dem... , la profond... , une h... , la vap... . Réussite : /10

**55 Écris les noms en -eur qui correspondent à ces mots.**

Ex. : doux → la douceur ; chanter → un chanteur.

pêcher, élever, grand, jouer, blanc, mentir, fraîche, haut, acheter, tricher. Réussite : /10

# 19 noms terminés par -ie

Orthographe d'usage

**Observe**

**FÉMININ**

une pie
la pluie
une sortie

une ___ie

⚠ sauf : la nuit, une souris, une brebis, une fourmi, une perdrix.

**MASCULIN**

un canari — _i
un fruit — _it
un nid — _id
un radis — _is
le prix — _ix
le persil — _il

(un outil, un fusil)

**Retiens**

- Les noms féminins terminés par le son « i » s'écrivent **ie**, comme *la pluie*. Sauf : *la nuit, une souris, une brebis, une fourmi, une perdrix*.
- Au masculin, les noms terminés par le son « i » s'écrivent **i** (*un canari*) ou **i** suivi d'une consonne muette (*un fruit, un nid, un radis*).

**56 Complète par i ou ie.**

une sort... , le mercred... , une sonner... , son mar... , pousser un cr... , une boug... , la première part... , marquer un pl... , un rôt... , une sucrer... .

Réussite : /10

**57 Complète ces noms en t'aidant du tableau ci-dessus.**

un rad... , du pers... , une fol... , un n... d'oiseau, un animal de compagn... , une fourm... rouge, la m... du pain, un out... de jardin, la mair... du village, une cop... .

Réussite : /10

**58 Trouve les noms terminés par -ie qui correspondent à ces définitions.**

1. C'est la maison des chevaux.
2. C'est le contraire de la santé.
3. On y vend du pain.
4. On y vend des livres.
5. Très grand pré où les animaux broutent.

Réussite : /10

# 20 noms terminés par -er et -ier

Orthographe d'usage

Observe

Retiens

- Des noms se terminent par **-er** ou **-ier** : *un verger, un cerisier.*
- Certains noms ont un féminin en **-ère** ou **-ière** : *boucher, bouchère ; caissier, caissière.*

**59** **Écris le nom de personne qui correspond à chaque question.**

Ex. : *Qui est* à la caisse ? → Le caissier.

*Qui est* à la ferme ? ...
à la cuisine ? ...
en prison ? ...
à la banque ? ...
à l'école ? ...

*Qui est* au jardin ? ...
à la boulangerie ? ...
à la pâtisserie ? ...
à l'épicerie ? ...
à l'infirmerie ? ...

Réussite : /10

**60** **Sur quoi poussent ces fruits ou ces fleurs ?**

Ex. : les cerises → sur le cerisier.

les fraises, les pommes, les bananes, les oranges, les pêches, les framboises, les abricots, les poires, les olives, les roses.

Réussite : /10

**61** **Complète par er ou ier.**

un tabl... de cuisine, une feuille de pap... , du lait ent... , un roch... , un quart... , le soup... , être droit... ou gauch... , arriver le prem... , partir le dern... .

Réussite : /10

# 21 mots contenant -onn-

Orthographe d'usage

**Observe**

un lion — un poisson

une lionne — un poissonnier

-on — -on

-onn- — -onn-

⚠ sauf : -one pour les mots avec phone.

**Retiens**

- Les mots qui s'écrivent avec onn correspondent en général à un mot terminé par -on : *une lionne, un lion.*
- Les mots qui ont le son « fone » s'écrivent phone : *le téléphone.*

**62 Écris les mots terminés par -on qui correspondent aux mots contenant -onn-.**

Ex. : une li**onn**e → un li**on**.

une rue piétonne, un prisonnier, une poissonnerie, une camionnette, une boutonnière, un citronnier, un dindonneau, la maçonnerie, une oursonne, pardonner. Réussite : /10

**63 Complète par on ou par onn.**

une mais...ette, un téléph...e mobile, la patr...e, une s...erie bruyante, l'interph...e de l'immeuble, questi...er, la ph...étique, une sav...ette, un magnétoph...e, le champi...at. Réussite : /10

**64 Complète, puis écris le mot en -on correspondant.**

Ex. : un wago...et → un wago**nn**et, un **wagon**.

bo...e, polisso...e, migno...e, raiso...able, le carto...age, une chanso...ette, un rayo...age, tampo...er, l'espio...age, frisso...er.

Réussite : /10

# 22 la ponctuation

Orthographe d'usage

Observe

Retiens

- La phrase se termine par **un point**. Après le point, on écrit **une majuscule**.
- Quand on pose une question, on met **un point d'interrogation**.
- Quand on s'exclame, on met **un point d'exclamation**.
- Dans une phrase, quand on s'arrête un peu, on met **une virgule**.

**65** **Remplace chaque rond bleu par un signe de ponctuation.**

– Julie • Viens vite • crie Papa • J'ai apporté une surprise •
– Qu'est-ce que c'est •
– Devine • Il a quatre pattes • de la fourrure • des moustaches et...
– C'est un petit chat • Est-ce que j'ai trouvé • Réussite : /10

**66** **Remplace chaque rond bleu par un signe de ponctuation.**

– Attention • L'avion va décoller • Avez-vous bien attaché vos ceintures •
– Oui • répond Éric •
Son cœur bat • C'est la première fois qu'il prend l'avion •
Et toi • À sa place • n'aurais-tu pas peur • Réussite : /10

# 23 les lettres finales muettes

Orthographe d'usage

Observe

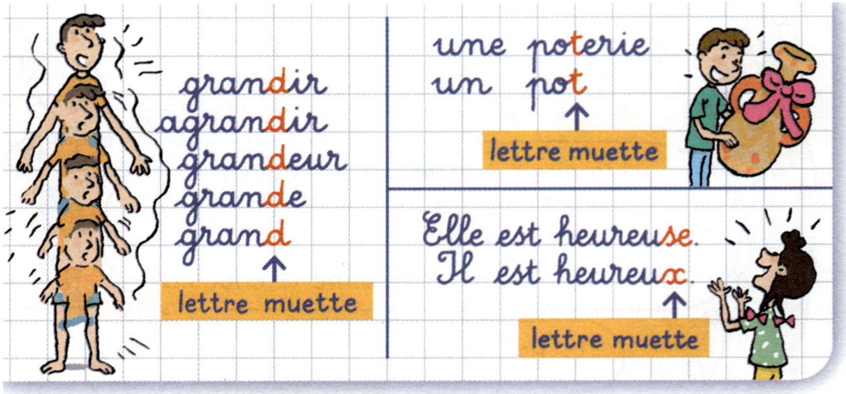


Retiens

- Les mots forment des familles : *grand*, *grande*, *grandir*, *grandeur*, *agrandir*…
- Un mot de la même famille fait parfois entendre une lettre muette : *poterie* et *pot*, *heureuse* et *heureux*.

**67** **Complète par le masculin après avoir tracé toutes les flèches qui correspondent.**

| | | | |
|---|---|---|---|
| ron**de** | froi… | hau**te** | gro… |
| forte | ron… | grosse | lon… |
| basse | blan… | franche | hau… |
| froide | for… | grise | fran… |
| blanche | ba… | longue | gri… |

Réussite : /10

**68** **Complète par le masculin après avoir tracé toutes les flèches qui correspondent.**

| | | | |
|---|---|---|---|
| chau**de** | ver… | parfai**te** | cui… |
| adroite | chau… | bonne | gran… |
| grasse | adroi… | cuite | so… |
| verte | gra… | grande | bo… |
| ouverte | ouver… | sotte | parfai… |

Réussite : /10

**69** **Complète les noms qui correspondent aux verbes.**

regarder, le regar... • chanter, un chan... • sauter, un sau... • camper, un cam... • ventiler, le ven... • monter, un mon... • entasser, un ta... • tricoter, un trico... • retarder, le retar... • bavarder, un bavar... .

Réussite : /10

**70** **Complète les mots par la bonne lettre muette.**

une bordure, le bor... • le dentiste, une den... • un arbre fruitier, un frui... • un paysan, un pay... • une rondelle, un ron... • une sottise, il est so... • le laitier, du lai... • la toiture, le toi... • le troisième, troi... • un dossier, le do... .

Réussite : /10

**71** **Complète par eux ou euse après avoir tracé toutes les flèches qui correspondent.**

| | | | |
|---|---|---|---|
| délicieuse → | joyeux | courag... | génér... |
| silencieuse | → délici... | danger... | heur... |
| joy... | soign... | heureuse | courageux |
| nombr... | silenci... | généreuse | nerveux |
| soigneuse | nombreux | nerv... | dangereux |

Réussite : /10

**72** **Complète les mots par la bonne lettre muette.**

un plateau, un pla... • embrasser, un bra... • un renardeau, un renar... • raser, couper à ra... • un sportif, le spor... • de la marchandise, un marchan... • c'est enfantin, un enfan... • un raton, un ra... • une biscuiterie, un biscui... • un abricotier, un abrico... .

Réussite : /10

**73** **Dictée.**

**Le chat**. Il saute sur le banc, se couche au soleil, puis il s'endort. Tout à coup, ses moustaches bougent, il secoue ses pattes. Il rêve qu'il chasse un rat, un gros rat, un énorme rat, le plus méchant de tous les rats. Il rêve qu'il est malin comme un renard et qu'il est le plus fort.

# 24 les homonymes

Orthographe d'usage

**Observe**

un pin — les mêmes sons — un pain

← des choses différentes →

un pin parasol ← des mots différents → un pain de campagne

**Retiens**

- **Les homonymes** sont des mots qui **se prononcent de la même façon**, mais qui **n'ont pas le même sens** et qui **n'ont pas la même orthographe** : *le pin* est un arbre et *le pain* se mange.

**74 Complète par les mots écrits en gras.**

| | |
|---|---|
| une **aile**<br>**elle** | C'est ... qui me l'a dit. • Veux-tu une cuisse de poulet ou une ... ? |
| la **boue**<br>le **bout** | Attention ! Ne mets pas de la ... sur le tapis. • Tiens le ... du bâton. |
| un **chant**<br>un **champ** | J'ai entendu le ... du coucou. • Il a ramassé beaucoup de champignons dans ce ... . |
| la **peau**<br>un **pot** | Elle sert le jus de fruit dans un grand ... . • Enlève la ... de la pêche avant de la manger. |
| en **haut**<br>l'**eau** | L'... est en train de bouillir. • Les plats sont rangés en ... du placard. |

Réussite : /10

## 75 Complète par les mots écrits en gras.

| | |
|---|---|
| un **mois**<br>**moi** | Toi, tu es un garçon, et ... je suis une fille. • Janvier est le premier ... de l'année. |
| un **nom**<br>**non** | En veux-tu ? ... . • Mon prénom est Pierre, mon ... est Martin. |
| le **col**<br>la **colle** | Ferme ton ... de chemise. • Cette ... est très forte. |
| un **coq**<br>une **coque** | Maman a fait cuire des œufs à la ... . • De bon matin, le ... a chanté. |
| une **paire**<br>le **père** | J'ai besoin d'une ... de ciseaux. • Son ... et sa mère sont absents. |

Réussite : /10

## 76 Complète par les mots écrits en gras.

| | |
|---|---|
| **toi**<br>un **toit** | Notre maison a un ... de tuiles claires. • Qu'est-ce que tu en penses, ... ? |
| **mai**<br>**mais** | Parle, ... ne crie pas ! • J'aime beaucoup le mois de ... . |
| **do**<br>le **dos** | Je récite les notes : ..., ré, mi, fa, sol, la, si. • Ce banc n'a pas de dossier : on a mal au ... . |
| la **mer**<br>ma **mère** | Son père et sa ... travaillent dans la même usine. • Je préfère la ... à la montagne. |
| la **pâte**<br>la **patte** | Le pâtissier réussit bien la ... à tarte. • Mon chien s'est fait mal à une ... . |

Réussite : /10

## 77 Complète par les mots écrits en gras.

| | |
|---|---|
| un **point**<br>le **poing** | Serrez bien le ... . • À la fin de la phrase, je mets un ... . • Il a reçu un coup de ... . |
| une **dent**<br>**dans** | J'ai une ... qui pousse. • Range ton mouchoir ... ta poche. |
| **cuire**<br>du **cuir** | Son cartable est en ... . • Faisons ... le rôti. • C'est un poulet prêt à ... . |
| le **pouce**<br>il **pousse** | Je ... la porte pour l'ouvrir. • Mon petit frère suce son ... . |

Réussite : /10

# 25 les mots invariables

Orthographe d'usage

Observe

Retiens

- Un mot **invariable** n'a pas de féminin ni de pluriel. Il ne change jamais d'orthographe.

**78 Complète avec les mots sur fond bleu.**

| | |
|---|---|
| puis<br>depuis<br>sans sous<br>dessous | **A.** Elle est sortie ... parapluie. • Le chat a couru se cacher ... le lit. • Il se lève, ... il va se laver. • Où l'as-tu mis ? Dessus ou ... ? • Tu as grandi ... l'an passé. |
| en<br>enfin<br>encore<br>entre<br>ensuite | **B.** L'assiette se trouve ... le couteau et la fourchette. • Je termine ce travail, ... je t'aiderai à finir le tien. • L'hôtel est juste ... face de la gare. • Le beau temps est ... revenu ! • Puis-je prendre ... un gâteau ? |

Réussite : /10

**79 Complète avec les mots sur fond bleu.**

| | |
|---|---|
| bien<br>combien<br>loin quoi<br>pourquoi | **A.** J'aime ... le cirque. • ... ne sais-tu pas ta poésie ? • Ils habitent très ... de chez moi. • ... veux-tu de crayons de couleurs ? • À ... pensez-vous ? |

| |
|---|
| avant<br>devant<br>pendant<br>pourtant<br>maintenant |

**B.** Il s'arrêta ... la maison. • Je n'ai pas compris, ... j'ai bien écouté la leçon. • J'ai répondu ... toi. • C'est au tour de mon petit frère, ... . • On l'a attendu ... une heure.

Réussite : /10

**80** **Complète avec les mots sur fond bleu.**

| |
|---|
| puisque<br>presque<br>lorsque<br>chaque<br>jusqu'à |

**A.** ... tu arriveras, tu sonneras. • Elle réussit ... toujours. • ... matin, je fais mon lit. • Je veux bien ... je te l'ai promis. • Nous resterons ... demain.

| |
|---|
| comment<br>souvent<br>aussi<br>surtout<br>partout |

**B.** Moi ..., je veux une tartine. • ... faut-il faire ? • Et ..., n'oublie pas les clés ! • Je pense ... à mes grands-parents. • Ne me suis pas ..., comme un petit chien.

Réussite : /10

**81** **Complète avec les mots sur fond bleu.**

| |
|---|
| autre<br>autour<br>derrière<br>ici voici |

**A.** ... ma tortue. • C'est ... que j'habite. • Alignez-vous les uns ... les autres. • Je te prête ce stylo, j'en ai un ... . • Ne tourne pas ... de moi !

| |
|---|
| avant-hier<br>hier<br>aujourd'hui<br>demain<br>après-demain |

**B.** ..., nous sommes mardi.
..., c'était lundi.
..., c'était dimanche.
..., ce sera mercredi.
..., ce sera jeudi.

Réussite : /10

**82** **Dictée.**

**L'escargot**. Il fait son chemin sur la salade. Il est dessus. Il passe dessous. Le voici devant. Un moment après, il se cache derrière pour faire des trous dans une feuille : il mange, il prend des forces. Les cornes en avant, il repart un peu plus loin et il bave sur toutes les feuilles du jardin.

# 26 les nombres

**Orthographe d'usage**

**Observe**

Les nombres sont des mots invariables.

Entre 0 et 100, les nombres sont reliés par **et** ou par **un tiret**.

les **quatre** arbres
les **cinq** oiseaux
ces **huit** chats
vos **neuf** chiens
ses **onze** ans

21 : vingt **et** un
22 : vingt**-**deux
33 : trente**-**trois

**Retiens**

- **Les nombres** s'écrivent avec des mots **invariables**.
- On relie les nombres plus petits que cent par **et** ou par **un tiret** : *vingt et un, vingt-deux.*

**83 Écris en lettres les nombres suivants.**

3, 4, 5, 6, 7, 8, 9, 10, 11, 12.

Réussite : /10

**84 Écris en lettres le résultat de ces additions.**

Ex. : 7 + 2 + 1 + 6 = ... → 7 + 2 + 1 + 6 = **seize**.

a. 2 + 6 + 3 + 2 = ...
b. 5 + 7 + 4 + 1 = ...
c. 8 + 3 + 2 + 6 = ...
d. 5 + 5 + 5 + 3 + 3 = ...
e. 20 + 8 + 10 + 2 + 1 = ...

Réussite : /5

**85 Écris en lettres les nombres qui sont dans ces phrases.**

La majorité est à 18 ans. • On paie demi-tarif à partir de 60 ans. • Pour la fête de l'école, j'ai vendu 41 billets. • La sœur de Bastien aura 23 ans dimanche, la mienne en aura 14. • Il y a 24 œufs dans deux douzaines d'œufs. • Le résultat de l'opération est 0 ! • Au mariage de ma cousine, nous serons 55. • Il y a 15 joueurs dans une équipe de rugby, ce qui fait 30 joueurs sur le terrain.

Réussite : /10

# 27 mots terminés par -ment

Orthographe d'usage



Observe

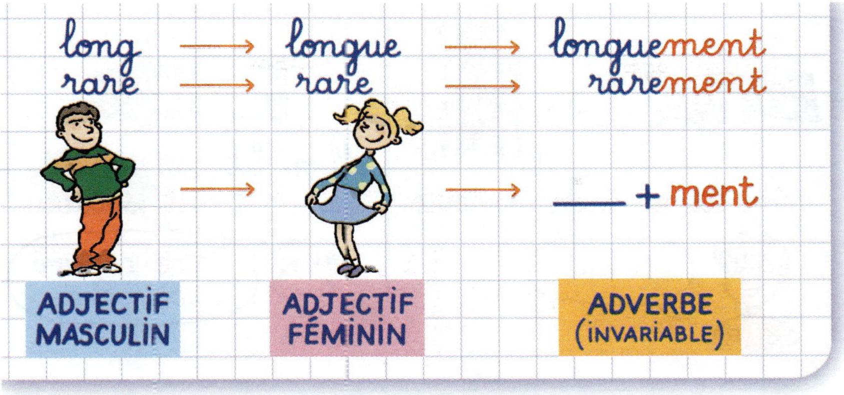


Retiens

- Les mots terminés par **-ment** formés à partir d'un adjectif sont **invariables**. Ce sont des **adverbes** : *longuement* (adjectif : *long*, adjectif au féminin : *longue*).

**86** **Souligne les adverbes en -ment qui sont dans ces phrases.**

Mes parents achètent rarement du raisin. • Ces personnes nous regardent curieusement. • Les voyageurs agitaient vaguement la main. • Les voisins aiment quand tu joues calmement. • Elles ferment toujours la porte doucement.

Réussite : /5

**87** **Écris les adjectifs correspondant à ces adverbes.**

Ex. : longuement → **long, longue**.

librement, chaudement, proprement, adroitement, rarement, fortement, solidement, parfaitement, tristement, largement.

Réussite : /10

**88** **Parmi ces mots, il y a cinq noms et cinq adverbes. Écris-les en deux groupes en ajoutant un ou une avant les noms.**

heureusement, moment, péniblement, joyeusement, jument, compliment, délicatement, mouvement, courageusement, instrument.

Réussite : /10

# 28 et / est

Homophones grammaticaux

Observe

Retiens

- **et** réunit deux mots, deux expressions ou deux phrases.
- **est**, c'est le verbe **être** à la 3e pers. du singulier du présent : *il est, elle est, on est*. Il peut être conjugué avec un verbe : *il est réparé*.

**89** **Pour chaque phrase, écris l'expression construite avec être.**

Ex. : Ce lit est solide → **être solide**.

Son bureau est fermé. • Ta blouse est tachée. • Il est revenu lundi. • Votre purée est bonne. • Le billet est gratuit.

Réussite : /5

**90** **Complète par et ou est.**

La table ... les chaises sont neuves. • La table ... jolie.
J'ai un chien ... un chat. • Mon chien ... très gentil.
Luc ... au cours élémentaire. • Luc ... Françoise jouent.
Il préfère la lecture ... l'écriture. • La lecture ... terminée.
J'aime les bananes ... le raisin • Ce raisin ... sucré.

Réussite : /10

**91** **Complète par et ou est.**

Mange ta viande ... ta purée. • Le cèdre ... un arbre. • ...-il trop tard? • Cette nappe ... belle ... pratique. • L'escalier ... étroit ... un peu raide. • La plage n'... pas propre. • Le moteur ... les freins sont neufs. • Ferme la porte ... les volets.

Réussite : /10

# 29 a / à

Homophones grammaticaux

Observe

Retiens

- **a** (sans accent), c'est le verbe **avoir** à la 3$^{e}$ pers. du singulier du présent : *il a, elle a*. Il peut être conjugué avec un verbe : *il a volé*.
- **à** (avec un accent grave) est un petit mot **invariable**.

**92 Pour chaque phrase, écris l'expression construite avec avoir.**

Ex. : Julie a un avion. → **avoir** un avion.

Ce bateau a deux voiles. • Axel a des jouets. • On a coupé le pain. • La poire a des pépins. • Mon voisin a des lapins. • Ce chat a soif. • On a marqué un but. • Ce papillon a de belles couleurs ! • Il a poussé un cri. • Nadine a verni le portail. Réussite : /10

**93 Complète par a (*avoir*) ou à.**

Brigitte ... trop mangé. • Papa travaille ... la banque. • Elles jouent ... la balle. • On ... ajouté du sel. • L'araignée ... huit pattes. • Il réclame ... boire. • La cane ... pondu des œufs. • Je pense ... Katia. • Il part ... six heures. • On ... vu un lion.

Réussite : /10

**94 Complète par a (*avoir*) ou à.**

Le canard ... un bec plat. • Lionel ... lavé sa voiture. • C'est un bateau ... vapeur. • Voilà un piège ... souris. • Grand-mère ... pelé les pommes. • ... l'école, on ... appris ... grimper ... la corde. • On ... organisé une fête. Réussite : /10

# 30 son / sont

Homophones grammaticaux

Observe

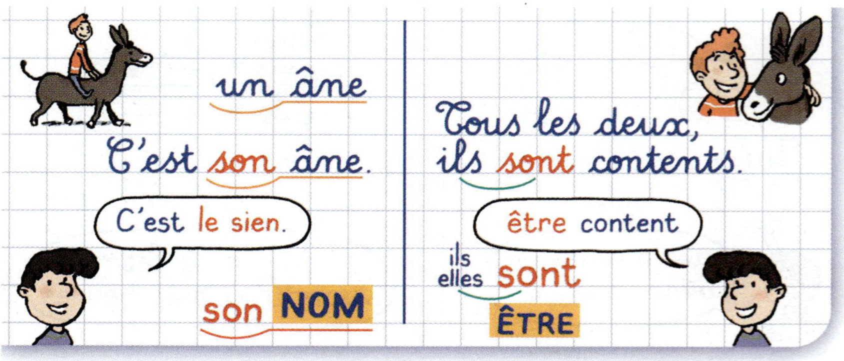


Retiens

- son accompagne toujours un nom au singulier. Il veut dire le sien.
- sont, c'est le verbe être à la 3e personne du pluriel du présent de l'indicatif.

**95** **Remplace son par un ou une.**

son pantalon, son regard, son aile, son nom, son ardoise, son oncle, son tableau, son garage, son métier, son idée.

Réussite : /10

**96** **Pour chaque phrase, écris l'expression construite avec être.**

Ex. : Ils sont contents → **être** content(s).

Ils sont arrivés. • Les voitures sont au parking. • Les pâtes sont cuites. • Ces rivières sont claires. • Ces rats sont gros. • Les nuits sont fraîches. • Mes semelles sont usées. • De nos jours, les loups sont rares. • Ils sont à l'école. • Elles sont là.

Réussite : /10

**97** **Complète par son ou sont.**

Elle aime ... chien. • ... autobus a du retard. • Les clous ... rangés dans le tiroir. • Les directeurs ... en réunion. • Ces fruits ne ... pas lavés. • Le soir, il garde ... frère. • Elle préfère ... écharpe rouge. • Les magasins ... fermés. • Bébé réclame ... biberon. • Les merles ... des oiseaux noirs.

Réussite : /10

# 31 ou / où

Homophones grammaticaux

Observe

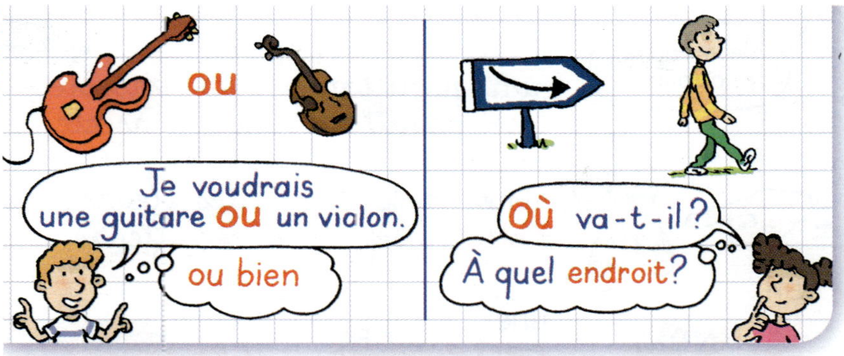


Retiens

- **ou** (sans accent) marque un choix entre deux choses, deux personnes ou deux animaux : *un tambour ou une trompette.*
- **où** (avec un accent grave) exprime une idée de lieu. *Où va-t-il ?* veut dire : *À quel endroit va-t-il ?*

**98 Complète par ou ou bien par où.**

des livres ... des disques
... veux-tu aller ?
des bonbons ... un gâteau
Je devine ... il est caché.
une pioche ... une pelle
un chaton ... un petit chien
D'... vient-elle ?
... est votre garage ?
Bois du lait ... de l'eau.
J'écrirai ... je téléphonerai.

Réussite : /10

**99 Complète par ou ou bien par où.**

Il devait répondre : vrai ... faux. • ... se sont-ils installés ? • J'hésite : cette veste ... ce blouson ? • Iras-tu à Nantes en train ... en voiture ? • Ils se cachent ... ils peuvent.

Réussite : /5

**100 Complète par ou ou bien par où.**

Préfères-tu rester avec maman ... aller faire les courses avec papa ? • Dis-moi ... tu as acheté ce jeu. • Nous irons à la mer ... à la montagne. • C'est le quartier ... je suis né. • ... as-tu trouvé ces feutres ?

Réussite : /5

# 32 ce, cet, cette, ces

Homophones grammaticaux

Observe

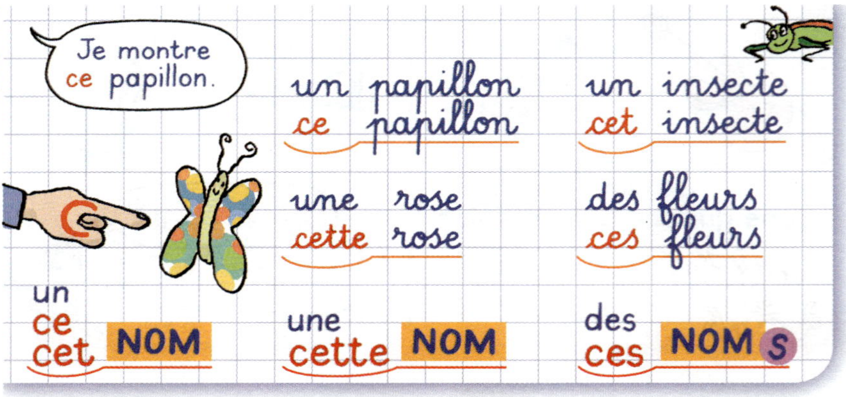


Retiens

- **ce**, **cet**, **cette** et **ces** expriment l'idée de montrer.
- Après **ce** et **cet**, le nom est masculin singulier : *ce papillon*, *cet insecte*. Après **cette**, le nom est féminin singulier : *cette rose*.
- Après **ces**, le nom est au pluriel : *ces fleurs*.

**101** **Remplace un, une ou des par ce, cette ou ces.**

Ex. : un papillon → **ce** papillon.

une abeille, des jouets, un banc, des gilets, des miettes, une place, un trésor, une vitrine, des fenêtres, un litre.

Réussite : /10

**102** **Remplace un ou une par cet ou cette.**

Ex. : un insecte → **cet** insecte.

une idée, un abricot, un âne, une autruche, une histoire, un homme, un ouvrier, une échelle, un escalier, une oreille.

Réussite : /10

**103** **Complète par ce, cet, cette ou ces.**

... étoile brille beaucoup. • ... gardiens sont sérieux. • Ferme ... robinet. • ... escargot s'est promené sur la vitre. • Je choisis ... veste. • Comme ... garçon est gentil ! • ... violettes sont jolies dans ... vase. • Suce ... pastille pour la gorge. • Il a fait très froid ... hiver.

Réussite : /10

# 33 ces / ses

**Homophones grammaticaux**

**Observe**

**Retiens**

- **ces** exprime l'idée de montrer. C'est le pluriel de **ce**, **cet**, **cette**.
- **ses** exprime l'idée de posséder. C'est le pluriel de **son** ou de **sa**.

**104 Remplace ce, cet ou cette par ces, puis accorde le nom.**

Ex. : ce livre → **ces** livres.

cette fenêtre, ce village, cet orage, cette abeille, ce menu, ce film, cette chenille, ce magasin, cet escargot, ce pays.

Réussite : /10

**105 Remplace son ou sa par ses, puis accorde le nom.**

Ex. : son cahier → **ses** cahiers.

sa raquette, son pied, son poisson, sa leçon, sa fille, son fils, son ourson, sa machine, sa réunion, son problème.

Réussite : /10

**106 Complète ces phrases par ces ou ses.**

J'aime le raisin mais pas ... pépins. • Jette ... miettes aux moineaux. • Il m'a présenté à ... amis. • ... majuscules sont difficiles à tracer. • Pendant ... promenades en forêt, Jean ramasse des champignons. • Toutes ... odeurs de poubelle sont désagréables. • Mon chat n'aime pas que je touche ... moustaches. • Regarde ... étoiles comme elles brillent. • Il pose ... mains sur ... genoux.

Réussite : /10

# 34 ce / se

Homophones grammaticaux

Observe

Retiens

- **ce** fait partie d'un groupe du nom. Il accompagne un nom masculin singulier. Il exprime l'idée de montrer : *ce jouet*.
- **se** fait partie d'un verbe. Dans *il se lave*, il y a le verbe *se laver*.

**107 Remplace un par ce.**

un bâton, un dessin, un castor, un pêcheur, un lavabo, un nid, un nombre, un vase, un pays, un piquet. Réussite : /10

**108 Pour chaque phrase, écris le verbe avec se.**

Ex. : Arthur se lave. → **se** laver.

Les enfants se cachent. • Les chats se fatiguent vite. • Il se lève tôt. • Elle se moque de lui. • Il se croit fort. • Maman ne se trompe pas. • Il se tient droit. • Cette voiture se vend bien. • On se sauve en courant. • Les élèves se disputent.

Réussite : /10

**109 Complète par ce ou se.**

Il ... perd toujours. • ... plat est en argent. • Répare ... robinet. • Elle ... rend à Lille en voiture. • Le boxeur ... relève. • Elle ... tourne vers eux. • ... trésor est à moi. • Ils ... rappellent leurs vacances. • Mon oncle ... réveille à six heures. • Qui a creusé ... trou ? Réussite : /10

# 35 se, s'est

**Homophones grammaticaux**

Observe

*Il se couche.* — se coucher

*Il s'est couché.* — se coucher

se
s'est **VERBE**

Retiens

- **se** fait partie d'un verbe. Dans *il se couche*, il y a le verbe *se coucher*.
- **s'est** fait aussi partie d'un verbe. On retrouve **se** (ou **s'**) en cherchant l'infinitif. Dans *il s'est couché*, il y a le verbe *se coucher*.

**110 Écris les verbes de ces phrases à l'infinitif.**

Ex. : Il s'est couché. → **se coucher**.

Il s'est levé tard.
Ma sœur s'est mariée.
On s'est mis au travail.
Elle s'est promenée seule.
Bébé s'est endormi.
Elle s'est relevée.
Il s'est rendu utile.
Il s'est penché par la fenêtre.
La caissière s'est trompée.
Le robot s'est dirigé vers lui.

Réussite : /10

**111 Écris les verbes de ces phrases à l'infinitif.**

Elle s'est lancée à sa poursuite. • Céline s'est reposée après le déjeuner. • Un accident s'est produit cette nuit. • Le chien s'est couché à ses pieds. • Sa robe s'est prise dans la portière. • Yves s'est tordu la cheville en jouant au football. • Le nouveau maître s'est présenté à la classe. • Il s'est rendu à son travail par le train. • Kévin ne s'est pas coiffé ce matin. • On s'est assis sur un banc.

Réussite : /10

# 36 c'est / cet, cette

Homophones grammaticaux

**Observe**

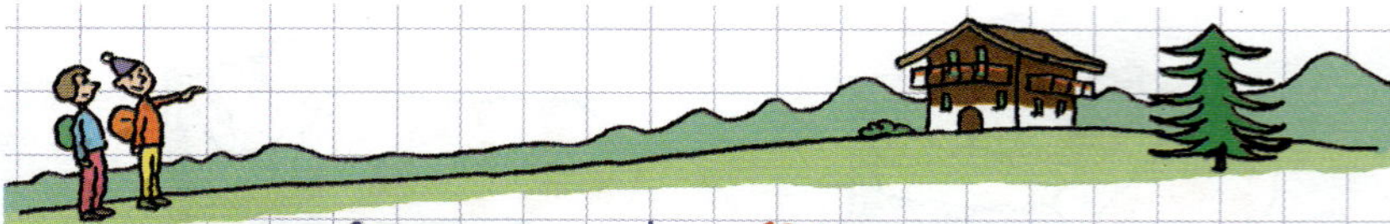

| | |
|---|---|
| cet arbre | C'est un sapin. |
| cette maison | C'est un chalet. |
| cet / cette NOM | c'est NOM |

**Retiens**

- **c'est** est suivi d'un groupe du nom qui commence par un déterminant : *c'est un sapin, c'est un chalet.*
- **cet** et **cette** font partie du groupe du nom : *cet arbre, cette maison.*

**112 Complète par cet, cette ou c'est.**

| | | |
|---|---|---|
| ... animal | ... fusée | ... couverture |
| ... un animal | ... une fusée | ... sa couverture |
| ... une fleur | ... voiture | |
| ... fleur | ... ma voiture | |

Réussite : /10

**113 Complète par cet, cette ou c'est.**

... ma mère • ... machine • ... âne • ... la cuisine • ... ouvrier • ... tache • ... un écolier • ... un lapin • ... chapelle • ... son oncle.

Réussite : /10

**114 Complète par cet, cette ou c'est.**

Elle est vendeuse dans ... boutique. • Attention à ... escalier ! • ... un temps orageux. • ... salière est vide. • ... homme est mon père. • ... personne m'a aidé. • ... lettre m'appartient. • Demain, ... la fête de Romain. • ... un bonnet en laine. • Je crois que ... une prison.

Réussite : /10

# 37 c'est / s'est

**Homophones grammaticaux**

*Observe*

C'est un canard.

c'est un / une NOM

Il s'est sali !

se salir

il / elle / on s'est VERBE

*Retiens*

- **c'est** est souvent suivi d'un groupe du nom : *c'est un canard.*
- **s'est** accompagne toujours un verbe : *Il s'est sali (se salir).*

**115 Remplace les mots en *italique* par c'est.**

*Voici* le journal d'hier. • *Regarde* mon livre. • *Montre-moi* la sortie. • *Voilà* le vent qui se lève. • *Voici* une grenouille verte.

Réussite : /5

**116 Complète par c'est ou s'est.**

Il ... remis à courir.
... une belle journée.
... un os de gigot.
Elle ... endormie tard.
... un œuf à la coque.
... un bruit pénible.
L'histoire ... passée en France.
... du sirop de fraise.
... un piège à renards.
Ma sœur ... levée avant moi.

Réussite : /10

**117 Complète par c'est ou s'est.**

... le pilote de l'avion. • Tiens, ... une lettre recommandée. • La chatte ... cachée sous le buffet. • ... un élève du cours préparatoire. • Il ... réveillé quand le coq a chanté. • Elle avoue que ... un mensonge. • On dit que ... une course importante. • Il ne ... jamais perdu dans cette ville. • ... une route en zigzags. • On ... préparé pour le match.

Réussite : /10

# 38 on / ont

Homophones grammaticaux

Observe

Retiens

- **on** est un pronom personnel comme **il** ou **elle**. C'est toujours le sujet d'un verbe conjugué au singulier : *on joue*.
- **ont**, c'est la 3^e^ personne du pluriel du verbe **avoir** au présent. Il peut aussi être conjugué avec un verbe : *ils ont dessiné*.

**118 Remplace le pronom on par il ou elle.**

Ex. : On joue. → **il** joue (*ou* : **elle** joue).

On travaille bien. • On frappe à la porte. • On a distribué les lettres. • On pensait souvent à vous. • On lira demain.

Réussite : /5

**119 Pour chaque phrase, écris l'expression construite avec avoir.**

Ex. : Ils ont dessiné. → **avoir** dessiné.

Ils ont recousu les boutons. • Elles ont une maison. • Ils ont ouvert la porte. • Ils ont caché les clés. • Elles ont des billes.

Réussite : /5

**120 Complète par on ou par ont.**

... a parlé de toi. • Ses fils ... la grippe. • Les soldats ... défilé. • ... a lu ta carte. • Dans le pré, ... a vu un lièvre. • ... suit le guide. • Les plantes ... crevé. • Les éboueurs m'... réveillé de bonne heure. • Dimanche, ... a mangé des crêpes. • Deux agents ... arrêté la circulation.

Réussite : /10

# 39 leur / leurs

Homophones grammaticaux



Observe

Retiens

- **leur** fait partie du groupe du nom, comme **un** ou **une**. Quand le nom est au pluriel, on écrit **leurs** : *leurs chats (plusieurs chats).*
- Le pronom **leur** est toujours placé avant un verbe. Il désigne plusieurs personnes ou plusieurs animaux. C'est le pluriel de **lui**.

**121 Remplace un, une ou des par leur ou leurs.**

Ex. : un chat → **leur** chat.

un gardien, une réponse, des ongles, un bureau, des chants, des racines, des balles, une lettre, des becs et des ailes.

Réussite : /10

**122 Complète par leur ou leurs.**

... billet, ... mouchoirs, ... proposition, ... pendules, ... cadeau, ... pantalons, ... explications, ... oiseaux, ... balcon, ... garage.

Réussite : /10

**123 Complète par leur ou leur(s).**

Je ... prête mes disques. • Ils aiment ... chiens. • Les deux frères jouent avec ... circuit. • Les élèves ont terminé ... dessins. • Ce sont ... grands-parents qui les gardent. • Maman ... a promis un jeu vidéo. • Max et Julien ont montré ... cochon d'Inde à ... camarades. • Ne ... dis pas ce que je vais ... acheter : c'est une surprise.

Réussite : /10

# 40 tout, tous, toute, toutes

**Homophones grammaticaux**

**Observe**

tout le matin
toute la journée

tous les jours
toutes les semaines

tout le / toute la NOM

tous les / toutes les NOM S

**Retiens**

- **tout** placé avant le groupe du nom s'accorde avec le nom.
- Au masculin, on écrit **tout** au singulier et **tous** au pluriel.
- Au féminin, on écrit **toute** au singulier et **toutes** au pluriel.

**124** **Souligne le groupe du nom qui va avec tout, tous ou toute(s).**

Le gardien vient tous les matins. • Mélanie a rangé toutes les balles. • Il gèle tous les hivers. • J'ai vu tout le spectacle. • La tortue a mangé toute la salade. Réussite : /5

**125** **Complète par tout, tous, toute ou toutes.**

**tous** les joueurs
... les garçons
... la famille
... les filles

... le monde
... les hommes
... la maison
... le placard

... le secret
... la nuit
... les cachettes

Réussite : /10

**126** **Complète par tout, tous, toute ou toutes.**

... mes amis
... mon courage
... leurs voisins
... vos qualités

... ces histoires
... la laine
... les trois

... le temps
... les directions
... mon pain

Réussite : /10

# 41 singulier ou pluriel des noms

## Accords en genre et en nombre

**Observe**

un mouton — un seul — singulier — un NOM

des moutons — plusieurs — pluriel — des NOM**S**

⚠ une brebis, un radis, un bois, une croix. → des brebis, des radis, des bois, des croix.

**Retiens**

- On écrit **le pluriel** en ajoutant un **s** à la fin du nom : *des moutons.*
- Si le nom se termine déjà au singulier par **s** (ou **x**, ou **z**), il ne change pas au pluriel : *une brebis, des brebis, une croix, des croix.*

**127 Écris les noms suivants au singulier.**

Ex. : des moutons → **un** mouton.

des épingles, des bouquets, des timbres, des croix, des fruits, des vendeurs, des brebis, des rochers, des radis, des plats.

Réussite : /10

**128 Écris les noms suivants au pluriel.**

Ex. : un pré → **des** pré**s**.

une sardine, une vipère, un voyageur, un nid, un moteur, un bois, un escalier, une échelle, un instrument, un magasin.

Réussite : /10

**129 Complète les noms au singulier ou au pluriel.**

| | | | |
|---|---|---|---|
| ma raquette | → mes ... | la pièce | → les ... |
| le ... | → les spectateurs | une souris | → des ... |
| ce pantalon | → ces ... | une ... | → des pierres |
| cette ... | → ces grenouilles | ta chanson | → tes ... |
| un tabouret | → des ... | mon voisin | → mes ... |

Réussite : /10

# 42 pluriel des noms en -eau et -al

Accords en genre et en nombre

**Observe**

un bateau
des bateaux

un ___eau
des ___eaux

un cheval
des chevaux

un ___al
des ___aux

⚠ sauf : des bals, des carnavals, des chacals, des festivals.

**Retiens**

- Les noms terminés par **-eau** ont un **x** au pluriel : *des bateaux*.
- Les noms terminés par **-al** s'écrivent **-aux** au pluriel : *un cheval, des chevaux*. Sauf : *des bals, des carnavals, des chacals, des festivals*.

**130 Écris les noms suivants au pluriel.**

un chapeau, un journal, un lavabo, un carnaval, un oiseau, un robot, un bal, un corbeau, un animal, un couteau.

Réussite : /10

**131 Écris les noms suivants au singulier.**

des tableaux, des poteaux, des canaux, des rideaux, des bureaux, des bocaux, des maux de tête, des chacals, des moineaux, des totaux.

Réussite : /10

**132 Complète, soit au singulier, soit au pluriel.**

un écriteau, des écrit...
un festival, des festiv...
un signal, des sign...
un agneau, des agn...
le métal, les mét...

un loc..., des locaux
un chameau, des cham...
un tribunal, des tribun...
un mart..., des marteaux
un taureau, des taur...

Réussite : /10

# 43 pluriel des noms en -eu et -ou



**Observe**

un jeu
des jeux

un ...eu
des ...eux

⚠ sauf : des pneus, des bleus.

un trou
des trous

un ...ou
des ...ous

⚠ sauf : des bijoux, des cailloux, des choux, des genoux, des hiboux, des joujoux, des poux.

**Retiens**

- Les noms terminés par **-eu** ont un **x** au pluriel : *des jeux*. Sauf : *des pneus, des bleus.*
- Les noms terminés par **-ou** s'écrivent **-ous** au pluriel : *des trous.* Sauf sept noms : *bijou(x), caillou(x), chou(x), genou(x), hibou(x), joujou(x), pou(x).*

**133 Écris les noms suivants au singulier.**

les fous et les cavaliers, des joujoux, des tatous, des feux de bois, des choux, des verrous, des aveux, des hiboux, faire des vœux.

Réussite : /10

**134 Écris les noms suivants au pluriel.**

un trou, un clou, un jeu, la joue, un loup, un lieu, un pou, un caillou, un pneu, un kangourou.

Réussite : /10

**135 Complète, soit au singulier, soit au pluriel.**

| | |
|---|---|
| son neveu, ses nev... | un gen..., des genoux |
| un matou, des mat... | un coucou, des couc... |
| un bijou, des bij... | un bamb..., des bambous |
| un bleu, des bl... | un cheveu, des chev... |
| un c..., des cous | un sou, des s... |

Réussite : /10

# 44 féminin des noms



**Observe**

| MASCULIN | FÉMININ |
|---|---|
| un garçon | une fille |
| le directeur | la directrice |
| un ami | une amie |
| un élève | une élève |

**Retiens**

- Un nom est **féminin** si on peut le dire avec **une** ou **la**.
- Le féminin est souvent différent du masculin correspondant (*un garçon, une fille*) ; la fin du mot peut changer (*le directeur, la directrice*) ; parfois, on ajoute simplement un **e** (*un ami, une amie*).
- Le féminin peut s'écrire comme le masculin : *un élève, une élève*.

**136 Trouve le féminin qui correspond au masculin.**

le père, le frère, un homme, le marié, un chien, un ouvrier, un aviateur, un inspecteur, un gardien, un spectateur.

Réussite : /10

**137 Trouve le masculin qui correspond au féminin.**

une reine, une voyageuse, une cane, ma tante, une lionne, la voisine, une ânesse, une poule, une artiste, une enfant.

Réussite : /10

**138 Complète par le masculin ou le féminin.**

| | | | |
|---|---|---|---|
| le boulanger | → la … | un … | → une inconnue |
| mon cousin | → ma … | un … | → une joueuse |
| monsieur | → m… | un lapin | → une … |
| un … | → une pianiste | le coiffeur | → la … |
| un cheval | → une j… | un prince | → une … |

Réussite : /10

# 45 féminin des adjectifs

Accords en genre et en nombre

**Observe**

Il est beau.

courageux
gros
fort
sauvage

MASCULIN

Elle est belle.

courageuse
grosse
forte
sauvage

FÉMININ

**Retiens**

- **Le féminin d'un adjectif** est souvent différent du masculin (*beau*, *belle*). Parfois, la fin du mot change (*courageux*, *courageuse* ; *gros*, *grosse*) ou on ajoute simplement un **e** (*fort*, *forte*).
- Le féminin de certains adjectifs ne change pas du masculin correspondant (un animal *sauvage*, une bête *sauvage*).

**139 Complète au féminin en utilisant l'adjectif en *italique*.**

un meuble *bas*, une table ... • un garçon *peureux*, une fille ... • un *nouveau* livre, une ... revue • un regard *vif*, une allure ... • un pantalon *léger*, une robe ... • un homme *seul*, une femme ... • un temps *orageux*, une journée ... • un animal *doux*, une bête ... • un homme *riche*, une personne ... • un sac *neuf*, une trousse ... .

Réussite : /10

**140 Complète au masculin ou au féminin.**

un flan *sucré*, une tarte ...
un lit *moderne*, une lampe ...
*bon* courage, ... chance
un ciel *pur*, une eau ...
un âne *gris*, une mule ...

une fille *soigneuse*, un enfant ...
un aliment *gras*, une viande ...
une fille *franche*, un garçon ...
un homme *actif*, une femme ...
un chat *curieux*, une chatte ...

Réussite : /10

# 46 accord des adjectifs

**Accords en genre et en nombre**

**Observe**

un chapeau amusant — une veste amusante
des gants amusants — des chaussettes amusantes

c'est le chapeau qui est amusant — c'est la veste qui est amusante

ce sont les gants qui sont amusants — ce sont les chaussettes qui sont amusantes

un / des NOM s ADJECTIF s — une / des NOM s ADJECTIF e s

**Retiens**

- L'adjectif qualificatif s'accorde toujours avec le nom auquel il se rapporte (avec ce qui est…).
- L'adjectif est au masculin ou au féminin. On ajoute un s au pluriel.

**141** **Écris chaque groupe du nom avec le bon adjectif.**

des personnes
une dame
un homme
des voisins
une vendeuse

gentil
gentils
gentille
gentilles

de l'herbe
un temps
des haricots
des noix
des fruits

sec
secs
sèche
sèches

Réussite : /10

**142** **Complète les adjectifs en les accordant.**

Elle est sortie avec un short *bleu* et un pull *noir*.
Il avait mis une chemise bleu... et une veste noir... .
Ils ont des chaussettes bleu... et des chaussures noir... .

un garçon *adroit*
une fille adroit...
des enfants adroit...
des joueuses adroit...

un vélo *neuf*
une voiture neu...
des camions neu...
des autos neu...

Réussite : /10

**143** **Complète les adjectifs en les accordant.**

du pain blanc...
des cheveux blanc...
une pierre blanc...
des feuilles blanc...
des fromages blanc...

des pulls chaud...
des robes chaud...
des manteaux chaud...
une veste chaud...
un bonnet chaud...

Réussite : /10

**144** **Complète ces phrases en accordant les adjectifs.**

Ils ramassent des pierres rond... . • Elle a les cheveux long... . • Le dimanche, il mettait ses beau... habits. • Des nuages gris... glissaient dans le ciel. • Il faut couper les branches haut... . • Achète des tomates bien rouge... . • Il portait une chemise usé... . • Il avait les mains gras... . • Cette réponse est sot... . • Où sont mes feutres noir... ? Réussite : /10

**145** **Complète avec les adjectifs entre parenthèses, en les accordant.**

C'est une brouette très (*léger*). • Il cultivait de (*beau*) roses. • La couchette était (*dur*). • Ces confitures sont trop (*sucré*). • Il range les assiettes (*plat*). • Cette épingle est vraiment (*pointu*). • C'était une (*joli*) locomotive. • Il pleurait à (*chaud*) larmes. • Les raisins sont encore (*vert*). • On s'achètera des outils plus (*pratique*). Réussite : /10

**146** **Dictée.**

**La petite pintade**

Elle est triste car sa robe est grise.
Elle va chez son oncle le coq :
il lui donne deux plumes rouges.
Elle va ensuite chez son oncle le canard :
il lui donne trois plumes vertes de son cou.
Elle va enfin chez son cousin le perroquet :
il lui donne quatre plumes bleues.
– Merci, dit la petite pintade.
Comme je suis jolie, maintenant !

# 47 accord sujet / verbe

Accords en genre et en nombre

**Observe**

Youki et Pompon jouent.
1 + 1 = 2

Ils ne se battent pas.

Un enfant regarde.

**Retiens**

- **Le verbe s'accorde** toujours **avec son sujet**.
- Si le sujet est au singulier, le verbe est au singulier. Si le sujet est au pluriel, le verbe est au pluriel.
- Quand il y a deux sujets au singulier, le verbe est au pluriel.
- Le pluriel des verbes se marque par les lettres (e)nt : *ils se battent.*

**147** **Trace les flèches possibles entre les sujets et les verbes.**

| | | | |
|---|---|---|---|
| Les élèves | | Philippe | |
| Le capitaine | écoute. | Léa et Sandra | répond. |
| Mon camarade | | Henri et Marc | |
| Le gardien | écoutent. | Ma sœur | répondent. |
| Les joueurs | | Mes frères | |

Réussite : /10

**148** **Accorde chaque verbe avec son sujet.**

Ces vieilles voitures ne roul... plus. • Clémentine et Hugo se sauv... . • Denis ferm... le garage. • Les pêcheurs ne sort... pas du port ce matin. • Ces canards ne vol... pas. • Mon oncle et ma tante vienn... nous rendre visite. • Le chaton saut... sur sa mère pour jouer. • Les oreilles du lapin ne boug...plus. • Les feuilles ne tomb... pas encore. • Ces pastilles fond... à la chaleur.

Réussite : /10

**149 Écris tous les pronoms personnels (je, tu, il, etc.) qui peuvent être les sujets des verbes suivants.**

Ex. : ... partagent la galette. → **ils** partagent, **elles** partagent.

... te donne un disque. • ... lavaient les vitres. • ... ne travaillez plus. • ... ne finis pas la soupe. • ... ne mélangeons pas les jaunes et les blancs des œufs. Réussite : /10

**150 Complète par Gaston ou bien par Georges et Julie.**

... sautent à la corde. • ... dessinent la lune. • ... s'approche à pas de loup. • ... fabriquent un pantin. • ... se cache sous le lit. Réussite : /5

**151 Accorde chaque verbe avec son sujet.**

Cet enfant ne pleur... jamais. • Est-ce que les ours mang... du miel ? • Le prince et la princesse n'aim... pas la sorcière. • Les moucherons tourn... autour de la lampe. • Mon frère et mon cousin regard... le match. • Son chien ne grogn... pas. • Est-ce que les jouets coût... cher ? • Le corbeau et le merle s'envol... . • Les pêcheurs se réuniss... à 17 heures. • Les miettes de pain attir... les oiseaux. Réussite : /10

**152 Accorde chaque verbe avec son sujet.**

Ces joueurs port... des maillots verts. • Le chien et le chat dorm... ensemble. • On l'oblig... à rester. • Mon père et ma mère travaill... le samedi. • Les deux sœurs ne se ressembl... pas. • Elle n'écout... jamais la radio. • Ce soir, les voitures n'avanc... pas vite. • Les élèves aim... la musique. • Papa épluch... souvent les légumes. • Mathieu et Claire jou... de la guitare. Réussite : /10

**153 Dictée.**

**Prosper a disparu**. Noémie et Pixelle ouvrent la porte. Elles voient la queue du chat disparaître par le vasistas du garage. Elles sortent dans le jardin. Elles regardent partout en criant « Prosper ! Prosper ! » Mais pas de trace du chat. Les deux amies se retrouvent devant la maison.

– Je ne l'ai pas trouvé, dit Pixelle.

C'est alors que Noémie aperçoit son chat sur le toit !

# 48 accord du participe passé employé avec être

Accords en genre et en nombre

**Observe**

*Les enfants sont sortis.* *La pluie est tombée.*

Ce sont les enfants qui sont sortis.

C'est la pluie qui est tombée.

*un garçon est sorti*
*une fille est sortie*
*des garçons sont sortis*
*des filles sont sorties*

**être** (AUXILIAIRE) + **participe passé** e / s / es

**Retiens**

- **Le participe passé** employé avec l'auxiliaire être s'accorde en genre et en nombre avec le sujet du verbe (avec ce **qui est**…).
- On ajoute un **e** au féminin et un **s** au pluriel.

**154** **Pour chaque phrase, écris seulement le verbe et son sujet, puis souligne ce qui est revenu.**

Ex. : Les loups sont revenus dans la vallée.
→ Les loups sont revenus. (Ce sont les loups **qui sont** revenus.)

Ma mère est revenu**e** du marché. • Les filles sont revenu**es** à pied. • Les gens sont revenu**s** dans l'après-midi. • Ma sœur était revenu**e** avant moi. • L'inspecteur est revenu à l'école.

Réussite : /5

**155** **Accorde les participes passés en t'aidant de la question entre parenthèses.**

Ex. : Les cigognes sont parti... en Afrique. (*Qui est parti ?*)
→ Les cigognes sont parti**es** en Afrique.

Une chienne a été perdu... près du bureau de poste. (*Qui a été perdu ?*) • Les tiges sont coupé... par la fleuriste. (*Qu'est-ce qui est coupé ?*) • Une villa sera loué... cet été pour un film.

(*Qu'est-ce qui sera loué ?*) • Les devoirs sont fini... à l'étude. (*Qu'est-ce qui est fini ?*) • Les vitres seront lavé... chaque semaine. (*Qu'est-ce qui sera lavé ?*) Réussite : /5

**156 Trace les flèches possibles, puis écris les phrases obtenues.**

| | | | |
|---|---|---|---|
| Elle est<br>Elles sont<br>Il est<br>Ils sont<br>Sophie est | arrivé.<br>arrivé**e**.<br>arrivé**s**.<br>arrivé**es**. | Mes oncles étaient<br>Mon cousin est<br>Ma tante est<br>Mes cousines sont<br>Mes parents étaient | resté.<br>resté**e**.<br>resté**s**.<br>resté**es**. |

Réussite : /10

**157 Souligne le sujet du verbe, puis complète le participe passé.**

Ex. : Les portes sont fermé... . → Les portes sont fermé**es**.

Julie est devenu... sage. • Les enfants sont sorti... dans la cour. • Sa cachette a été trouvé... . • Le taureau est entré... dans l'arène. • Les moteurs seront démonté... . • Les clowns sont reparti... . • Deux coureurs se sont échappé... . • Elle était allé... se coucher. • Les pommes étaient épluché... pour la compote. • Les joueurs sont bien dirigé... . Réussite : /10

**158 Accorde les participes passés en cherchant bien ce qui est.**

La hauteur est limité... ! • Ce miel est récolté... au mois d'août. • Les pelouses sont bien entretenu... . • La leçon est terminé... . • Deux écriteaux sont pendu... sous le préau. • La porte sera fermé... à minuit. • Les cartes sont rangé... dans le tiroir. • Les chatons étaient endormi... sur le lit. • Ces feuilles seront donné... aux parents. • Les nombres seront divisé... par deux. Réussite : /10

**159 Dictée.**

**Départ en vacances** La caravane est attelée à la voiture de Victor, la moto de Ratus a été réparée et la voiture de sa grand-mère est chargée de bagages.

– On y va ? demande Ratus. Je pars le premier.

– Pas question ! dit Mamie Ratus. Je passe devant.

Et tout le monde la suit, sans voir les gendarmes qui sont cachés au bord de la route.

# 49 accord du participe passé employé avec avoir

**Accords en genre et en nombre**

**Observe**

Ils sont montés à l'échelle.

ÊTRE → être + V_é / e / s / es

Ils ont trouvé un nid.

AVOIR → avoir + V_é

Jamais d'accord avec le sujet.

**Retiens**

• **Le participe passé** employé avec l'auxiliaire **avoir** ne s'accorde jamais avec le sujet du verbe : *ils ont trouvé.*

**160 Trace toutes les flèches possibles, puis écris les phrases obtenues. Attention à l'auxiliaire !**

Ex. : Ils ont + joué. → Ils ont joué.

| | |
|---|---|
| Ils ont | joué. |
| Elle est | venue. |
| Elle a | venus. |
| Nous avons | |
| Ils sont | |
| Vous avez | |

Réussite : /5

**161 Accorde les participes passés employés avec être, mais pas ceux employés avec avoir !**

avoir couru → Deux joueurs ont cour... vers leur capitaine.
être mangé → Cette dinde sera mang... pour Noël.
être tombé → La neige est tomb... pendant la nuit.
avoir brossé → La fillette a bross... ses cheveux.
avoir averti → Les enfants ont avert... leurs copains.

Réussite : /5

# 50 accord des participes passés : principe de base

Accords en genre et en nombre

Observe

Retiens

- **Un participe passé** s'accorde avec ce **qui est**..., comme un adjectif, mais seulement si on a déjà écrit ce **qui est** au moment où on écrit le participe passé.
- On ajoute alors un **e** au féminin et un **s** au pluriel.

**162 Réponds bien aux questions avant de compléter.**

- Ces outils sont utile... . *(Qu'est-ce **qui est** utile ?)*
- Cette vitrine est bien décoré... . *(Qu'est-ce **qui est** décoré ?)*
- Voici les poires qu'il a acheté... . *(Qu'est-ce **qui est** acheté ?)*
- La banque est fermé... . *(Qu'est-ce **qui est** fermé ?)*
- Les enfants se sont lavé... . *(Qui est-ce **qui est** lavé ?)*

Réussite : /5

**163 Réponds bien aux questions avant de compléter.**

Elle riait, amusé... par les chatons. *(Qui est-ce **qui est** amusé ?)* • Ces fleurs, je les ai gagné... à la fête. *(Qu'est-ce **qui est** gagné ?)* • Ce sont les chevaux qu'elle a dessiné... *(Qu'est-ce **qui est** dessiné ?)* • Maria et Isabelle se sont perdu... . *(Qui est-ce **qui est** perdu ?)* • Range les œufs que j'ai acheté... . *(Qu'est-ce **qui est** acheté ?)* Réussite : /5

# 51 l'infinitif



Observe

Retiens

- Un verbe a toujours un **infinitif**.
- Quand on écrit un verbe, il faut penser à son infinitif. On le trouve en se demandant : il s'agit de *quoi faire ?*
  Elle achète → il s'agit de *quoi faire ?* d'**acheter** (infinitif).

**164 Complète ces verbes à l'infinitif.**

arriv... à l'heure, rest... debout, ouvr... les yeux, voul... un jouet, parl... fort, atten... le métro, march... au pas, part... en avion, ren... service, sav... sa leçon. Réussite : /10

**165 Écris l'infinitif des verbes qui sont en *italique*.**

L'orage *gronde*. • J'*écris* à mon correspondant. • Je te *cherchais*. • On *fera* la vaisselle. • Elle *répond* correctement. • Tu *peux* réussir si tu *veux*. • Les veaux *grossissent* vite. • Ils *disent* la vérité. • Elle *revenait* chaque dimanche.

Réussite : /10

**166 Écris l'infinitif des verbes qui sont en *italique*.**

*Vas*-tu à la piscine ? • Elle *viendra* à midi. • Il *faut* te coucher tôt. • On *voit* les montagnes. • Est-ce que je *mets* mes bottes ? • Il *buvait* du lait. • Je lui *tends* la main. • Je *crois* à cette histoire. • Vous *courez* vite. • On *posera* les sacs. Réussite : /10

# 52 la personne

Formes verbales

Observe

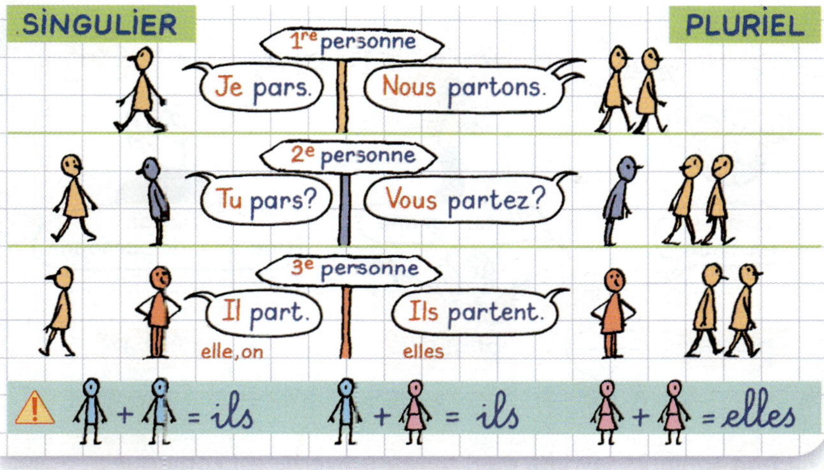


Retiens

- Un verbe peut être conjugué à **trois personnes au singulier** : 1re personne (*je*), 2e personne (*tu*) et 3e personne (*il*, *elle*, *on*).
- Un verbe peut être conjugué à **trois personnes au pluriel** : 1re personne (*nous*), 2e personne (*vous*) et 3e personne (*ils*, *elles*).

**167 À quels noms sur fond bleu correspondent il(s) et elle(s) ?**

| | | | |
|---|---|---|---|
| Elle arrive. | Julie | Il entre. | Papa |
| Elles arrivent. | Éric | Elle entre. | mes sœurs |
| Il arrive. | Julie et Éric | Ils entrent. | Maman |
| Ils arrivent. | Éric et Marc | Elles entrent. | Maman et Papa |
| | Julie et Nina | | Luc et Nadia |

Réussite : /10

**168 Complète par je, tu, nous ou vous.**

... viendrons dimanche, ont écrit Anne et Paul. • Maman me demande : « Est-ce que ... as fermé la porte ? » • ... voudrais être en vacances, se dit Julien. • ... voulez venir chez moi ? demande Pierre à ses cousins. • ... as tout juste, a écrit la maîtresse sur le cahier de Carole.

Réussite : /10

# 53 le temps



Observe

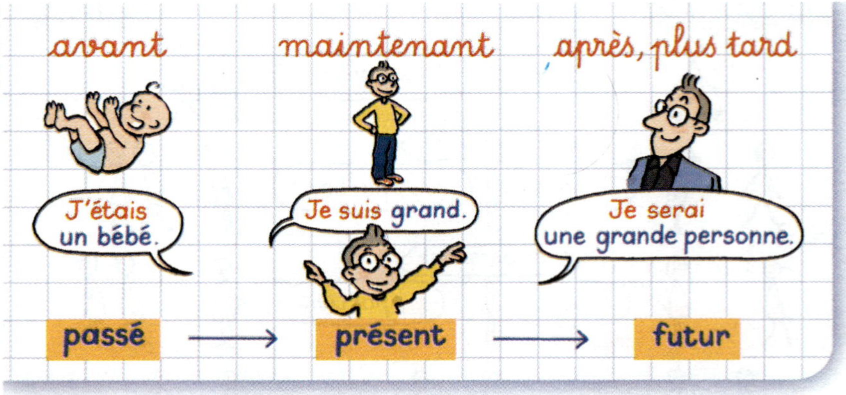


Retiens

- Il faut toujours savoir à quel **temps** un verbe est conjugué :
– si l'action se passe *en ce moment*, le verbe est au **présent** ;
– si l'action *a déjà eu lieu*, le verbe est à un temps du **passé** ;
– quand l'action *aura lieu plus tard*, le verbe est au **futur**.

**169 L'action a-t-elle lieu dans le passé, le présent ou le futur ?**

Hier, on a visité une usine. • Demain, nous recevrons nos amis. • L'hiver prochain, j'irai skier. • Dimanche dernier, nous sommes allés au cinéma. • Aujourd'hui, je suis à l'école. • Ce matin, papa a lavé la voiture. • En ce moment, il promène son chien. • L'an prochain, je serai au cours moyen. • Je me baignais souvent, l'été dernier. • Maintenant, j'aime bien lire.

Réussite : /10

**170 Pour chaque verbe en *italique*, indique si l'action a lieu dans le passé, dans le présent ou dans le futur.**

Quand j'étais petit, je *jouais* toujours. • Quand je serai grand, je *conduirai* un camion. • Couche-toi, *dit* maman. • Je te *donnerai* cette boîte quand elle sera vide. • Est-ce que tu *veux* du riz ? • Papa me *portait* sur ses épaules. • On t'*enverra* une carte. • Je me *suis regardée* dans le miroir. • Ils *habitent* ici. • Vous *oubliez* vos clés.

Réussite : /10

# 54 être et avoir au présent de l'indicatif



**Observe**

J'ai huit ans. Je suis grand.

| avoir | être |
|---|---|
| j'ai | je suis |
| tu as | tu es |
| il a (elle a, on a) | il est (elle est, on est) |
| nous avons | nous sommes |
| vous avez | vous êtes |
| ils ont (elles ont) | ils sont (elles sont) |

**Retiens**

• Au présent de l'indicatif, les verbes *avoir* et *être* s'écrivent :
– *avoir* : j'**ai**, tu **as**, il **a**, nous **avons**, vous **avez**, ils **ont** ;
– *être* : je **suis**, tu **es**, il **est**, nous **sommes**, vous **êtes**, ils **sont**.

**171 Complète par le verbe avoir ou par le verbe être.**

Il ... un frère. • Nous ... contents. • Nous ... le temps. • Ils ... huit ans. • Je ... curieux. • Elle ... amusante. • Tu ... des billes. • J' ... un piano. • Vous ... à la gare. • Tu ... fort.

Réussite : /10

**172 Complète par le verbe avoir ou par le verbe être.**

Les chevaux ... à l'écurie. • Nous ... un bassin avec des poissons. • Cet homme ... vieux. • Il ... une canne. • Vous ... plus grande que moi. • Ces lunettes ... en plastique. • Tu ... un joli collier. • Vous ... une belle voiture. • Nous ... chez mes grands-parents. • Elles ... au cinéma.

Réussite : /10

**173 Complète par ai (avoir), es ou est (être).**

Mon voisin ... gentil. • Je n' ... pas de vélo. • Tu ... en avance. • Sandrine ... brune. • J' ... une boîte en bois. • Il n' ... pas encore là. • Elle ... sportive. • Est-ce que tu ... peureux ? • Je n' ... plus de chien. • Il n' ... pas midi.

Réussite : /10

# 55 verbes fondamentaux au présent de l'indicatif

Formes verbales

Observe

| donner | finir | venir |
|---|---|---|
| je donne | je finis | je viens |
| tu donnes | tu finis | tu viens |
| il donne | il finit | il vient |
| nous donnons | nous finissons | nous venons |
| vous donnez | vous finissez | vous venez |
| ils donnent | ils finissent | ils viennent |
| **faire** | **dire** | **prendre** |
| je fais | je dis | je prends |
| tu fais | tu dis | tu prends |
| il fait | il dit | il prend |
| nous faisons | nous disons | nous prenons |
| vous faites | vous dites | vous prenez |
| ils font | ils disent | ils prennent |
| **vouloir** | **pouvoir** | **aller** |
| je veux | je peux | je vais |
| tu veux | tu peux | tu vas |
| il veut | il peut | il va |
| nous voulons | nous pouvons | nous allons |
| vous voulez | vous pouvez | vous allez |
| ils veulent | ils peuvent | ils vont |

Retiens

- Le temps **présent** indique qu'une action a lieu au moment où l'on parle.

**174 Écris les verbes au présent de l'indicatif, 1re personne du singulier (je) et 1re personne du pluriel (nous).**

*dire* bonjour, *prendre* une photo, *vouloir* de l'eau, *finir* dans une heure, *faire* des bulles.

Réussite : /10

**175 Dans ces phrases, écris les verbes entre parenthèses au présent de l'indicatif.**

Un joueur (*donner*) sept cartes aux autres. • Je (*aller*) aussi

vite que toi. • Ces touristes (*venir*) de très loin. • Vous (*pouvoir*) parler plus fort. • Nous (*apprendre*) nos leçons après le goûter.
Réussite : /5

**176 Écris l'infinitif des verbes en *italique*, puis souligne ceux qui sont au présent de l'indicatif.**

Ces oranges *provenaient* du Maroc. • Je *finis* mes devoirs. • Est-ce que tu *viens* jouer avec nous ? • Les acheteurs *disent* que le produit *était* trop cher. • Vous *faites* beaucoup trop de bruit ! • Les voyageurs *prenaient* leurs valises et *s'en allaient*. • Il *voudrait* laver les vitres du magasin. • *Pouvons*-nous manger une choucroute ?
Réussite : /10

**177 Souligne les dix verbes qui sont au présent de l'indicatif, puis écris leur infinitif.**

Georges veut sortir la voiture du garage, mais il ne peut pas à cause d'un camion mal garé. Son père, qui était à la fenêtre, vient et prend le volant. Mais un vélo était contre le mur…
– Attention à mon vélo, papa ! dit Georges qui se tient la tête à deux mains. Et tu vas sur le gazon !
– Tu te fais trop de souci, dit le père.
Et il finit par sortir la voiture du garage en roulant sur la pelouse…
Réussite : /10

**178 Dictée.**

**Le petit lion**

Le petit lion attend sa mère, mais elle ne vient pas.
Il a peur et il pleure. Une girafe passe. Elle lui dit :
– Ne pleure pas, petit lion. Je vais retrouver ta mère.
Comme la girafe a un long cou, sa tête est plus haute que les arbres. Elle regarde au loin et elle voit la lionne qui revient de la chasse.

# 56 présent de l'indicatif (1)

Formes verbales

Observe

Retiens

- Au **présent de l'indicatif**, les terminaisons des verbes en **-er** (comme *jouer*) sont : **-e**, **-es**, **-e**, **-ons**, **-ez**, **-ent**.

**179 Pour chaque verbe, écris toutes les personnes possibles.**

... approchent ... passons ... se sauve
... sonnes ... s'amusent ... dessinez

Réussite : /10

**180 Quels verbes se conjuguent comme jouer ?**

danser, courir, sauter, bouger, rire, chanter, conduire, acheter, attendre, rester, donner, perdre, revenir, tourner, voler, vouloir, trouver.

Réussite : /10

**181 Complète au présent de l'indicatif.**

Il regard... des images. • Tu march... vite. • Vous partag... la même chambre. • La voiture recul... . • Papa achèt... du poisson sur le port. • On bross... ses dents chaque soir. • Il démont... son vélo. • Ils repass... de temps en temps. • Je te donn... ce livre. • Nous fabriqu... une échelle.

Réussite : /10

# 57 présent de l'indicatif (2)

Formes verbales

Observe

verbes terminés par _ir, _oir, _re

je _s
tu _s
il, elle, on _t
nous _ons
vous _ez
ils, elles _ent

Retiens

- Au **présent de l'indicatif**, les terminaisons des verbes en **-ir** (comme *servir*), en **-oir** (comme *savoir*), en **-re** (comme *lire*) sont : **-s**, **-s**, **-t**, **-ons**, **-ez**, **-ent**.
- Les verbes du 2e groupe (comme *finir*) font **-issons**, **-issez**, **-issent** aux personnes du pluriel : *nous finissons, vous finissez, ils finissent*.

**182 Pour chaque verbe, écris toutes les personnes possibles.**

... partez, ... dorment, ... vit, ... sais, ... conduisons, ... écrivez.

Réussite : /10

**183 Complète les verbes par s ou t.**

Je ri... fort. • Il rugi... . • Tu le croi... ? • Je verni... un pot. • Je boi... du lait. • Elle me puni... . • On s'enfui... . • Je m'endor... . • On sui... la route. • Tu écri... bien.

Réussite : /10

**184 Complète les verbes au présent de l'indicatif.**

Ils sort... du spectacle. • La souris s'enfui... devant le chat. • Vous grandi... beaucoup. • Le poulet cui... dans le four. • Nous inscriv... votre nom. • Je t'averti... qu'il est frileux. • Elle revien... me voir. • Tu rougi... quand on te parle. • Nous cour... vite. • Je voi... une chenille.

Réussite : /10

# 58 présent de l'indicatif (3)

Formes verbales

**Observe**

j'attends
tu attends
elle attend
nous attendons
vous attendez
ils attendent

verbes terminés par _dre (comme attendre)

je _ds
tu _ds
il, elle, on _d
nous _ons
vous _ez
ils, elles _ent

**Retiens**

- Au **présent de l'indicatif**, les terminaisons des verbes en **-dre** (comme *attendre*) sont : **-ds**, **-ds**, **-d**, **-ons**, **-ez**, **-ent**.

**185 Pour chaque verbe, écris toutes les personnes possibles.**

... descend, ... répondez, ... vends, ... prennent, ... apprends.

Réussite : /10

**186 Complète les verbes au présent de l'indicatif.**

Tu répon... vite.
On compren... bien.
Elle éten... la pâte.
Il ton... l'herbe.
Je cou... un bouton.

Elles perd... la partie.
La neige fon... au soleil.
Ils entend... la sonnette.
Je repren... du gâteau.
Nous attend... notre tour.

Réussite : /10

**187 Complète les verbes de ces phrases.**

Est-ce que vous vend... des timbres ? • Elle repren... sa place. • La terre gelée se fen... . • On suspen... des mobiles. • Tu appren... à lire. • Ce chien défen... sa maîtresse, mais il ne mor... pas. • Elles rend... les livres. • Ta coiffure me surpren... . • Les élèves répond... .

Réussite : /10

# 59 présent de l'indicatif : révision



**Observe**

| verbes en _er | verbes en _ir, _oir, _re | verbes en _dre |
|---|---|---|
| je _e | je _s | je _ds |
| tu _es | tu _s | tu _ds |
| il _e | elle _t | on _d |

**Retiens**

- Au **présent de l'indicatif**, les terminaisons du singulier dépendent de l'infinitif du verbe.

**188** **Classe ces verbes comme dans le tableau ci-dessus.**

lire, jouer, attendre, voir, rire, rougir, apporter, reprendre, laisser, vendre.

Réussite : /10

**189** **Complète les verbes par e, t ou d.**

Il cherch... ses gants.
On appui... fort.
Elle s'endor... vite.
Céline ne répon... pas.
Gabriel grandi... encore.

On reçoi... ses amis.
Elle appren... une leçon.
L'oiseau s'envol... .
Il envoi... un colis.
Cette rose sen... bon.

Réussite : /10

**190** **Complète les verbes au présent de l'indicatif.**

Il plant... des sapins. • On par... en voyage. • Elle condui... une grosse voiture. • Je compren... le problème. • Le cheval sui... le chemin. • Son chat attrap... des papillons. • On sonn... trois fois. • Quand tu ne fai... pas attention, tu per... tout. • Je boi... surtout de l'eau.

Réussite : /10

# 60 verbes fondamentaux à l'imparfait de l'indicatif

Formes verbales

*Observe et Retiens*

| avoir | | être | | faire | |
|---|---|---|---|---|---|
| j' | avais | j' | étais | je | faisais |
| tu | avais | tu | étais | tu | faisais |
| il | avait | il | était | il | faisait |
| nous | avions | nous | étions | nous | faisions |
| vous | aviez | vous | étiez | vous | faisiez |
| ils | avaient | ils | étaient | ils | faisaient |
| **donner** | | **finir** | | **pouvoir** | |
| je | donnais | je | finissais | je | pouvais |
| tu | donnais | tu | finissais | tu | pouvais |
| il | donnait | il | finissait | il | pouvait |
| nous | donnions | nous | finissions | nous | pouvions |
| vous | donniez | vous | finissiez | vous | pouviez |
| ils | donnaient | ils | finissaient | ils | pouvaient |
| **prendre** | | **dire** | | **aller** | |
| je | prenais | je | disais | j' | allais |
| tu | prenais | tu | disais | tu | allais |
| il | prenait | il | disait | il | allait |
| nous | prenions | nous | disions | nous | allions |
| vous | preniez | vous | disiez | vous | alliez |
| ils | prenaient | ils | disaient | ils | allaient |

**191 Écris les verbes à l'imparfait, 1re pers. du singulier (je).**

lui *donner* raison, *pouvoir* pêcher, *aller* à la gare et *prendre* le train, *avoir* le temps.

Réussite : /5

**192 Écris les verbes à l'imparfait, 1re pers. du pluriel (nous).**

*faire* la roue, *finir* tard, *être* ici, tout *dire*, *comprendre* vite.

Réussite : /5

**193 Écris les verbes entre parenthèses à l'imparfait.**

Elle (*avoir*) dix ans. • Il (*reprendre*) sa place. • Ils (*être*) en tête. • Tu (*refaire*) le devoir. • Vous (*dire*) des sottises.

Réussite : /5

# 61 imparfait de l'indicatif (1)

Formes verbales

Observe

Avant, hier...
je jouais
tu jouais
elle jouait
nous jouions
vous jouiez
elles jouaient

| terminaisons de l'imparfait | |
|---|---|
| je | _ais |
| tu | _ais |
| il, elle, on | _ait |
| nous | _ions |
| vous | _iez |
| ils, elles | _aient |

⚠ grandir : je grandissais, il grandissait...

Retiens

- **L'imparfait** de l'indicatif est un temps du passé. Ses terminaisons sont les mêmes pour tous les verbes : **-ais**, **-ais**, **-ait**, **-ions**, **-iez**, **-aient**.

**194 Complète les verbes à l'imparfait de l'indicatif.**

sonner → *Chaque fois,* je sonn..., il sonn...
traverser → *Souvent,* je travers..., nous travers...
revenir → *Autrefois,* tu reven..., vous reven...
construire → *L'an passé,* il construis..., elles construis...
perdre → *En ce temps-là*, on perd..., ils perd...

Réussite : /10

**195 Complète les verbes à l'imparfait de l'indicatif.**

Je sort... le soir.
Tu écriv... beaucoup.
Il salu... la foule.
On croy... tout savoir.
Elle obéi... bien.

Nous chant... la victoire.
Vous part... très tôt.
Ils fleuri... leur magasin.
Elles se promen... à pied.
Les lions rugi... .

Réussite : /10

**196 Écris les verbes à la 1re personne du singulier et du pluriel de l'imparfait (je, nous).**

montrer, tenir, répondre, avertir, conduire.

Réussite : /10

# 62 imparfait de l'indicatif (2)

Formes verbales

Observe

L'année passée, souvent, je nageais, puis je lançais le ballon.

verbes terminés par -ger

je nageais
tu nageais
il nageait
nous nagions
vous nagiez
ils nageaient

V-ge ais / ait / aient

verbes terminés par -cer

je lançais
tu lançais
il lançait
nous lancions
vous lanciez
ils lançaient

V-ç ais / ait / aient

Retiens

- Les verbes terminés à l'infinitif par **-ger** s'écrivent **-ge-** quand la terminaison commence par un **a** : *je nageais, il nageait*…
- Les verbes terminés à l'infinitif par **-cer** s'écrivent **-ç-** quand la terminaison commence par un **a** : *je lançais, il lançait*…

**197 Complète les verbes à l'imparfait de l'indicatif.**

changer → *Autrefois*, je chang..., il chang...
bercer → *Il y a longtemps*, tu berc..., elle berc...
ranger → *Souvent*, nous rang..., ils rang...
remplacer → *L'an passé*, on remplac..., vous remplac...
voyager → *Avant*, je voyag..., elles voyag... Réussite : /10

**198 Complète les verbes à l'imparfait de l'indicatif.**

*Souvent, l'an passé :*

Je lac... mes tennis.
Tu trac... des ronds.
Il mang... des fruits.
Elle dirig... les autres.
On perc... des trous.

Nous log... à la ferme.
Vous avanc... par deux.
Ils annonc... les résultats.
Elles partag... notre repas.
Je plong... souvent. Réussite : /10

# 63 verbe fondamentaux au futur de l'indicatif

Formes verbales

Règles

*Observe et Retiens*

| avoir | | être | | faire | |
|---|---|---|---|---|---|
| j' | aurai | je | serai | je | ferai |
| tu | auras | tu | seras | tu | feras |
| il | aura | il | sera | il | fera |
| nous | aurons | nous | serons | nous | ferons |
| vous | aurez | vous | serez | vous | ferez |
| ils | auront | ils | seront | ils | feront |
| **donner** | | **finir** | | **pouvoir** | |
| je | donnerai | je | finirai | je | pourrai |
| tu | donneras | tu | finiras | tu | pourras |
| il | donnera | il | finira | il | pourra |
| nous | donnerons | nous | finirons | nous | pourrons |
| vous | donnerez | vous | finirez | vous | pourrez |
| ils | donneront | ils | finiront | ils | pourront |
| **prendre** | | **venir** | | **aller** | |
| je | prendrai | je | viendrai | j' | irai |
| tu | prendras | tu | viendras | tu | iras |
| il | prendra | il | viendra | il | ira |
| nous | prendrons | nous | viendrons | nous | irons |
| vous | prendrez | vous | viendrez | vous | irez |
| ils | prendront | ils | viendront | ils | iront |

**199 Écris les verbes au futur, à la 1re personne du singulier (je).**

*finir* ses devoirs, *donner* du lait au chat, *faire* le ménage, *aller* en voiture, *prendre* le train.

Réussite : /5

**200 Écris les verbes au futur, 3e personne du singulier (il ou elle).**

*venir* à midi, *avoir* soif, *être* heureux, *pouvoir* lire, tout *refaire*.

Réussite : /5

**201 Écris les verbes entre parenthèses au futur.**

Tu (*avoir*) trop chaud. • Je (*revenir*) à pied. • Nous (*être*) en retard. • Ils (*apprendre*) la leçon. • Vous (*défaire*) le lit.

Réussite : /5

# 64 futur de l'indicatif (1)

Formes verbales

Observe

Après, demain…

je partirai
tu partiras
il partira
nous partirons
vous partirez
ils partiront

**terminaisons du futur**

je __rai
tu __ras
il, elle, on __ra
nous __rons
vous __rez
ils, elles __ront

Retiens

- **Le futur** indique une action qui se passera *plus tard*. Au futur, les terminaisons sont toujours les mêmes : **-rai**, **-ras**, **-ra**, **-rons**, **-rez**, **-ront**.

**202 Complète les verbes au futur de l'indicatif.**

dire → *Demain*, on di…, ils di…
suivre → *Tout à l'heure*, je suiv…, tu suiv…
lire → *Après*, tu li…, vous li…
recevoir → *Plus tard*, nous recev…, elles recev…
conduire → *Dans dix ans*, il condui…, je condui…

Réussite : /10

**203 Complète les verbes au futur de l'indicatif.**

Je boi… de l'eau.
Tu voud… bien ?
Il répond… juste.
On dormi… chez eux.
On attend… le bus.

Nous recev… ta lettre.
Vous garni… le sapin.
Ils reprodui… ce dessin.
Elles réuni… la famille.
Elle construi… une cabane.

Réussite : /10

**204 Écris les verbes à la 1re et à la 3e pers. du singulier du futur.**

*remplir* la bouteille, *comprendre* le problème, *poursuivre* son chemin, *vendre* sa maison, *écrire* une carte. Réussite : /10

# 65 futur de l'indicatif (2)



**Observe**

Après, demain...

je jouerai
tu joueras
elle jouera
nous jouerons
vous jouerez
elles joueront

On voit l'infinitif dans le verbe conjugué.

| verbes terminés par __er | |
|---|---|
| je | __erai |
| tu | __eras |
| il, elle, on | __era |
| nous | __erons |
| vous | __erez |
| ils, elles | __eront |

**Retiens**

- Au **futur**, les verbes du 1^er^ groupe gardent l'infinitif entier dans la conjugaison. Pour certains verbes, comme *jouer*, il ne faut pas oublier le **e** qui est muet : *je jouerai, tu joueras, il jouera...*

**205 Complète les verbes au futur de l'indicatif.**

parler → *Demain,* elle parl..., elles parl...
tourner → *Après,* je tourn..., on tourn...
couper → *Plus tard,* je coup..., ils coup...
marcher → *Bientôt,* nous march..., vous march...
crier → *Tout à l'heure,* tu cri..., il cri...

Réussite : /10

**206 Complète les verbes au futur de l'indicatif.**

Je calcul... ma note.
Tu aval... ces pastilles.
Il nou... sa cravate.
Elle lèv... la main.
On continu... la partie.

Nous dépens... tout !
Ils rentr... à midi.
Vous lou... une barque.
Elles copi... la poésie.
Nous travaill... à l'étude.

Réussite : /10

# 66 verbes fondamentaux au passé composé

Formes verbales

*Observe et Retiens*

| avoir | être | aller |
|---|---|---|
| j' ai eu | j' ai été | je suis allé |
| tu as eu | tu as été | tu es allé |
| il a eu | il a été | il est allé |
| nous avons eu | nous avons été | nous sommes allés |
| vous avez eu | vous avez été | vous êtes allés |
| ils ont eu | ils ont été | ils sont allés |
| **donner** | **finir** | **pouvoir** |
| j' ai donné | j' ai fini | j' ai pu |
| tu as donné | tu as fini | tu as pu |
| il a donné | il a fini | il a pu |
| nous avons donné | nous avons fini | nous avons pu |
| vous avez donné | vous avez fini | vous avez pu |
| ils ont donné | ils ont fini | ils ont pu |
| **prendre** | **dire** | **faire** |
| j' ai pris | j' ai dit | j' ai fait |
| tu as pris | tu as dit | tu as fait |
| il a pris | il a dit | il a fait |
| nous avons pris | nous avons dit | nous avons fait |
| vous avez pris | vous avez dit | vous avez fait |
| ils ont pris | ils ont dit | ils ont fait |

**207 Écris les verbes au passé composé, 1re pers. du singulier (je).**

*donner* sa langue au chat, *pouvoir* le porter, *prendre* l'air, *aller* au zoo, *avoir* de la chance. Réussite : /5

**208 Écris les verbes à la 2e personne du singulier (tu) et à la 3e personne du singulier (il ou elle) du passé composé.**

*faire* un mouvement, *être* triste, *reprendre* le train, *dire* un mensonge, *finir* la viande. Réussite : /10

**209 Écris les verbes entre parenthèses au passé composé.**

Vous (*pouvoir*) venir. • Nous (*comprendre*). • On le (*redire*). • Elles (*défaire*) le paquet. • Ils lui (*pardonner*). Réussite : /10

# 67 passé composé de l'indicatif



Observe

| | | | | | | | | |
|---|---|---|---|---|---|---|---|---|
| j' | ai | mangé | j' | ai | bu | je | suis | parti |
| tu | as | mangé | tu | as | bu | tu | es | parti |
| il | a | mangé | il | a | bu | il | est | parti |
| nous | avons | mangé | nous | avons | bu | nous | sommes | partis |
| vous | avez | mangé | vous | avez | bu | vous | êtes | partis |
| ils | ont | mangé | ils | ont | bu | ils | sont | partis |

Retiens

- **Le passé composé** indique une action qui est passée. Il est formé de deux mots : un **auxiliaire** (*avoir* ou *être*) et le **participe passé** du verbe conjugué (*il a mangé, il est parti*).
- Au passé composé, l'auxiliaire est au présent de l'indicatif.

**210 Complète les participes passés par é, u ou i.**

lire → Elle **a** l... les deux livres.
demander → Nous lui **avons** demand... son nom.
devenir → Il **est** deven... riche.
penser → J'**ai** pens... à toi.
grandir, grossir → Max **a** grand... et il **a** gross... .
réussir → Tu **as** réuss... .
arriver → Il **est** arriv... hier soir.
garnir → Nous **avons** garn... le sapin.
revoir → Ils **ont** rev... ce film. Réussite : /10

**211 Souligne avoir ou être, puis complète par é, u ou i.**

Ex. : J'ai mang... deux tartines. → J'ai mangé deux tartines.

J'ai dîn... avec Sylvie. • Il est sort... il y a une minute. •

Il s'est dirig... vers le cirque. • Tu as saut... à la corde. • Nous l'avons aperç... dans la rue. • Il s'est endorm... . • Elle a arrêt... sa voiture. • Nous avons cour... . • On a jet... des papiers. • Je t'ai répond... . Réussite : /10

**212** **Parmi ces verbes, écris les dix dont le participe passé se termine par -u.**

avertir, tordre, mélanger, blanchir, fondre, lire, fabriquer, perdre, courir, dormir, rendre, échapper, vouloir, calculer, vernir, tondre, murmurer, répondre, sortir, croire.

Réussite : /10

**213** **Complète les verbes au passé composé.**

Ex. : Nous ... chant... ensemble. → Nous **avons** chant**é**.

Ils ... attend... votre lettre. • Elle ... maigr... à cause de sa maladie. • Nous ... recul... dans la côte. • Ils ... perd... le match. • On ... plant... deux poiriers. • Elles ... bavard... toute la matinée. • La neige ... blanch... les prés. • Il ... arriv... le premier. • On ... suiv... ses pas. • Est-ce que vous ... reten... son numéro de téléphone ? Réussite : /10

**214** **Écris les verbes entre parenthèses au passé composé.**

Ex. : Tu (*recoudre*) les boutons. → Tu **as recousu** les boutons.

Léana (*trouver*) la bonne réponse. • L'escargot (*sortir*) de sa coquille. • La neige (*fondre*) en quelques heures. • Les chiens me (*suivre*) jusqu'à la porte de l'école. • Tu (*vouloir*) venir avec moi. • Nous (*éplucher*) les pommes de terre. • Les poules (*pondre*) beaucoup d'œufs. • Je ne sais pas pourquoi vous (*punir*) cet enfant. • Nous (*croire*) à son histoire. • Les ouvriers (*démonter*) les moteurs. Réussite : /10

**215** **Dictée.**

**Le fantôme.** Je lui ai sauté dessus, je l'ai attrapé par le blouson et… j'ai senti quelque chose de glacé. J'ai reculé. C'était un fantôme ! La preuve ? Il s'est envolé au plafond. Vrai de vrai, il s'est installé là-haut, bras croisés, assis, tête en bas. Il m'a demandé poliment :

– Est-ce que tu crois aux fantômes ?

# 68 participes passés en -is / -it



**Observe**

| prendre | mettre | dire |
|---|---|---|
| une chose qui est prise. | une chose qui est mise. | une chose qui est dite. |
| j'ai pris | j'ai mis | j'ai dit |
| il a pris | il a mis | il a dit |
| **avoir pris** | **avoir mis** | **avoir dit** |

**Retiens**

- Certains participes passés se terminent toujours par -is ou par -it : *pris, mis, dit*. Pour les reconnaître, il faut penser au féminin qui fait entendre la dernière lettre : j'ai pris → une chose *qui est* prise.

**216 Complète les expressions au féminin.**

On a mis → une chose *qui est* mi...
Il a écrit → une lettre *qui est* écri...
On a appris → une leçon *qui est* appri...
Il a conduit → une voiture *qui est* condui...
Tu as promis → une chose *qui est* promi...

Réussite : /5

**217 Ajoute le s ou le t muet en t'aidant du féminin.**

Il a di... la vérité. (*une chose qui est dite*) • Tu es assi... . (*une fille qui est assise*) • On a interdi... le passage. (*une rue qui est interdite*) • J'ai surpri... mon frère. (*une personne qui est surprise*) • On a tout compri... . (*une leçon qui est comprise*).

Réussite : /5

**218 Ajoute le s ou le t muet en t'aidant du féminin.**

Elle a fai... le lit. (*une chose qui est faite*) • J'ai mi... un tricot. (*une veste qui est mise*) • Il a construi... un mur. (*une maison qui est construite*) • Elle a ouver... la porte. (*une boîte qui est ouverte*) • On a produi... du blé. (*une chose qui est produite*).

Réussite : /5

# 69 participe passé en -é / infinitif en -er

Formes verbales

Observe

Retiens

- Un verbe terminé par **-er** est à l'**infinitif**. Il indique qu'une action va se faire, vient de se faire ou peut se faire. Pour le reconnaître, on peut intercaler la question *quoi faire ?* juste avant le verbe : *il veut* **quoi faire ?** *plonger*.
- Un verbe terminé par **-é** est au **participe passé**. Il est conjugué avec **être** ou **avoir**.

**219** **Complète par é ou er en t'aidant de ce qui est écrit en *italique*.**

Nous voulons (*quoi faire ?*) démont... la machine.
Je sais (*quoi faire ?*) répar... mon vélo.
Il est (*être*) tomb... . • Elle va (*quoi faire ?*) le soign... .
Tu aimes (*quoi faire ?*) dessin... . • Il a (*avoir*) regard... un film.
J'ai (*avoir*) lav... les légumes. • Il faut (*quoi faire ?*) écout... .
On a (*avoir*) visit... une usine. • Je suis (*être*) rentr... chez moi.

Réussite : /10

**220** **Complète par é ou er.**

Elle a recul... .
Il faut recul... .
J'avais recul... .
Tu peux recul... .

Elle a jou... seule.
Il veut jou... seul.
Je vais jou... seul.

Il faut plong... .
Ils ont plong... .
On vient de plong... .

Réussite : /10

**221** **Complète par é ou er.**

Le réveil a sonn... . • Le réveil va sonn... .
Ma sœur aime trich... . • Mon frère a trich... .
Il doit pioch... . • On a pioch... .
Il a nou... ses lacets. • Il faut nou... les lacets.
Il a soulev... la caisse. • Elle peut soulev... la caisse.

Réussite : /10

**222** **Complète par é ou er.**

Il a jur... qu'il viendrait.
Caroline aime s'amus... .
Le magasin est ferm... .
Le tigre va s'échapp... .
Il est rest... au jardin.

Ils ont épluch... les légumes.
Qui veut continu... ?
Nous avons couch... sur la paille.
Du coton a bouch... le lavabo.
Il faut conjugu... ces verbes.

Réussite : /10

**223** **Complète ce texte avec les verbes suivants : léché, parler, saluer, tirer, approché.**

Quand le chien m'a vu, il s'est mis à ...... sur sa laisse. Je me suis ...... de lui et il m'a ...... les mains pour me ...... . Il était heureux de me voir. Mais s'il avait pu ......, il m'aurait sans doute demandé mon goûter !

Réussite : /5

**224** **Complète par l'infinitif ou le participe passé.**

Alex voudrait pêch... une truite. • Ma voisine a ramen... ma sœur de l'école. • Il ne faut pas secou... la bouteille. • Vous avez gard... mon livre. • Maman m'a dit d'achet... le journal. • Michel pourrait dirig... l'usine. • Mes tantes ont bavard... tout l'après-midi. • Un agent lui a montr... le chemin. • Le jardinier va plant... des radis. • Les enfants ont travers... la rue.

Réussite : /10

**225** **Dictée.**

**Le fruit**. Mariam a trouvé un beau fruit. Elle le garde pour sa mère. Sa mère l'offre à son fils qui a chassé toute la journée. Le soir, le fils le donne à son père qui a travaillé dans les champs. Mais papa pense à sa petite fille, et il lui donne le fruit. Mariam rit et dit : « Je vais le couper en quatre et nous allons le manger ensemble. »

# 70 verbes fondamentaux à l'impératif présent

Formes verbales

Observe

| | avoir | être | faire |
|---|---|---|---|
| 2e pers. du singulier | **aie** | **sois** | fais |
| 1re pers. du pluriel | ayons | soyons | faisons |
| 2e pers. du pluriel | ayez | soyez | faites |
| | **donner** | **finir** | **prendre** |
| 2e pers. du singulier | donne | finis | prends |
| 1re pers. du pluriel | donnons | finissons | prenons |
| 2e pers. du pluriel | donnez | finissez | prenez |
| | **venir** | **mettre** | **aller** |
| 2e pers. du singulier | viens | mets | **va** |
| 1re pers. du pluriel | venons | mettons | allons |
| 2e pers. du pluriel | venez | mettez | allez |

Retiens

- **L'impératif présent** a seulement trois personnes : la 2e personne du singulier, la 1re personne du pluriel et la 2e personne du pluriel. Il se conjugue sans pronom personnel sujet.

**226 Écris les verbes à l'impératif, à la 2e personne du singulier.**

Ex. : défaire sa valise → **Défais** ta valise !

*donner* le départ, *faire* vite, *finir* ses devoirs, *venir* à la maison, *être* poli. Réussite : /5

**227 Écris les verbes à l'impératif, à la 1re personne du pluriel.**

Ex. : défaire sa valise → **Défaisons** notre valise !

*prendre* le train, *aller* dans le midi, *avoir* les mains propres, *mettre* de l'ordre dans la chambre, *prévenir* le directeur.

Réussite : /5

**228 Écris les verbes à la 2e personne du singulier et à la 2e personne du pluriel de l'impératif.**

*apprendre* par cœur, *pardonner* cette faute, *remettre* sa veste, *refaire* son lit, *définir* ce mot. Réussite : /10

# 71 impératif présent



**Observe**

*Donne, reviens.*
*Donnons, revenons.*
*Donnez, revenez.*

terminaisons de l'impératif

| | verbes en _er | autres verbes |
|---|---|---|
| 2e sing. | _e | _s |
| 1re plur. | _ons | _ons |
| 2e plur. | _ez | _ez |

⚠ J'entends (e), j'écris : e (offre, ouvre)

⚠ Verbes en _dre : _ds (prends, attends)

**Retiens**

- **L'impératif présent** sert à donner des **ordres** ou des **conseils**.
- Les terminaisons des verbes en **-er** sont : **-e**, **-ons**, **-ez**.
- Les terminaisons des autres verbes sont : **-s** ou **-ds**, **-ons**, **-ez**.

## 229 Complète à l'impératif présent.

| *infinitifs* | *2e pers. du singulier* | *1re pers. du pluriel* |
|---|---|---|
| jouer → | Jou... mieux ! | Jou... encore ! |
| suivre → | Sui... la route. | Suiv... la carte. |
| sortir → | Sor... d'ici ! | Sort... vite ! |
| tourner → | Tourn... la tête. | Tourn...-lui le dos. |
| dessiner → | Dessin... un loup. | Dessin... un rat vert. |

Réussite : /10

## 230 Complète à l'impératif présent.

| *infinitifs* | *2e pers. du singulier* | *2e pers. du pluriel* |
|---|---|---|
| copier → | Copi... la dictée. | Ne copi... pas ! |
| tenir → | Tien...-toi droit. | Ten...-vous par la main. |
| dormir → | Dor... bien ! | Dorm... sur le canapé. |
| attendre → | Atten...-moi ! | Attend... son retour. |
| écouter → | Écout... bien. | Écout...-la. |

Réussite : /10

# 72 terminaisons en -é / -ais, -ait, -aient

Formes verbales

**Observe**

*Il ramassait des champignons.*

C'est ce qu'il faisait.

je, tu V_ais
il, elle, on V_ait
ils, elles V_aient

*Il a ramassé des champignons.*

Il s'agit… d'avoir ramassé.

avoir ou être + V_é

**Retiens**

- Un verbe terminé par **-é** est au participe passé. Il est conjugué avec **avoir** ou **être** : *il a ramassé, il est allé.*
- Un verbe terminé par **-ais**, **-ait** ou **-aient** est conjugué à l'imparfait de l'indicatif : *il ramassait, il allait.*

**231 Complète chaque début de phrase par un verbe sur fond bleu.**

Ex. : J'ai + chanté → J'ai chanté.

| | | | |
|---|---|---|---|
| **J'ai** | | Il **a** | |
| Je | chant**é**. | Tu | jou**é**. |
| Elle | chant**ais**. | On | jou**ais**. |
| Ils | chant**ait**. | Ils **avaient** | jou**ait**. |
| Elles **ont** | chant**aient**. | Elles | jou**aient**. |
| Tu as | | | |

Réussite : /10

**232 Complète chaque début de phrase par un verbe sur fond bleu.**

| | | | |
|---|---|---|---|
| Je | | Tu | |
| Je suis | resté. | Elles | continué. |
| Il était | restais. | Nous avons | continuais. |
| On | restait. | Ils ont | continuait. |
| Ils | restaient. | Elle | continuaient. |

Réussite : /10

**233** **Complète par é, ais, ait ou aient.**

On **a** dessin... .
On dessin... .

Ils ne fum... pas.
Ils **ont** fum... .

Elles **ont** march... .
Elles march... beaucoup.

Ils copi... une phrase.
Ils **ont** copi... cette phrase.

Le chat **a** léch... son plat.
Le chat léch... son plat.

Réussite : /10

**234** **Complète par é, ais, ait ou aient.**

Il tomb... souvent.
Il est tomb... .

Il a aval... de travers.
Le chien aval... sa pâtée.

Il s'est cach... dans l'arbre.
On se cach... dans la cave.

Il rest... souvent dehors.
Il est rest... à la maison.

Les ouvriers ont coup... l'eau.
Ils coup... l'eau à chaque réparation.

Réussite : /10

**235** **Complète par é, ais, ait ou aient.**

Les poissons se sauv... au moindre bruit. • Il a embrass... ses parents. • Le soir, mon père cir... toujours ses chaussures. • Maman m'a racont... une histoire. • En classe, l'an dernier, on imprim... un journal. • Le sable est entass... dans la cour. • Autrefois, les enfants se couch... très tôt. • Les scouts ont camp... près de la ferme. • Tu devin... toujours tout ! • Mon équipe a gagn... .

Réussite : /10

**236** **Dictée.**

**Une grosse peur**. Un jour, on passait derrière le mur des fouilles et on a vu une jeune femme qui était montée sur une grosse pierre et qui montrait quelque chose avec le doigt. Alors, j'ai vu un cobra ! Il n'avait pas l'air content du tout, il était dressé comme font les cobras quand ils sont en colère. Il devait dormir et on l'avait réveillé. Peut-être qu'il prenait la jeune femme pour une grosse souris ?

# Transfert des acquisitions

# Habileté en orthographe

- Dix fiches proposent des exercices de révision. Chaque fiche prévoit vingt réponses à trouver. Le barème est simple : un point par réponse juste.

- Dans chaque fiche, il y a un texte à compléter. Il faut le lire entièrement avant de répondre. Les lettres ou les mots à retrouver sont signalés par trois points de suspension, quelle que soit la longueur de la réponse. Plusieurs réponses sont parfois proposées entre crochets : une seule est correcte. Le texte à compléter peut être noté seul, puisqu'il demande dix réponses.

# 1 fiche de révision

**1 Texte à compléter.**

**Une vaisselle bien lavée !**

– Viens m'aider à lav... la vaisselle, Capi. Je me charge des ta...es. Occupe-toi des assiettes.

– Ouah ! approuve Capi.

Alexandre dépose les assiettes sal... en ligne, par terre, et Capi les lèche une à une, sans y lai...er la moindre peti... trace de nourriture. La vaisselle ...[ai/es/est] vite terminée. Les assiettes, propr... et luisant..., font plaisir à voir.

– Tu ...[ai/es/est] vraiment un bon chien, dit Alexandre en ran...ant [g/ge] les assiettes dans le placard.

**2 On a enlevé un a ou un e dans chacun de ces mots. Remets-le chaque fois.**

une or...ille, une bat...ille, une bout...ille, une corb...ille, on trav...ille.

**3 Jeu des cailloux.**

*Avec des cailloux, on peut dessiner la silhouette d'un mot. Les gros cailloux sont les grandes lettres, les petits cailloux sont les petites lettres, et les tout petits cailloux sont les points et les accents.*

**Trouve le mot qui va dans chaque groupe de cailloux.**

loin

boue

aile

clou

gris

idée

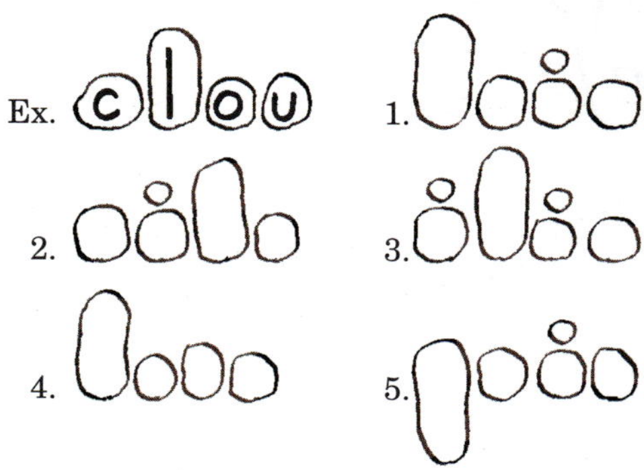


Réussite : /20

# 2 fiche de révision

**1 Texte à compléter.**

**Vincent et Maman.**

– Tu sais, Maman, pour que le monde soit parfait, il faudrait d'abord supprim... les mousti...es. Et les vipères, aussi.

– Pourquoi ?

– Parce qu'elles fon... du tort aux couleuvres. On les confon... . Alors, quand on voit une couleuvre, ...[on/ont] dit : oh ! la méchan... bête ! S'il n'y avait que des couleuvres, quand ...[on/ont] en rencontrerait une, on saurait qu'elle ne mor... pas. Alors, on dirait : oh ! le joli serpent, et elle serait conten... . Si je pouv... refaire le monde !

**2 Un mot simple peut être reconnu au début de chacun des mots suivants. Trouve ces cinq mots.**

Ex. : dentiste → **dent**.

fleuriste, grandir, chaudement, dessiner, longueur.

**3 Farandole des mots.**

*Pour former une farandole de mots, il faut les écrire de façon que la dernière lettre d'un mot soit la même que la première lettre du mot suivant.*

**Continue la farandole avec ces mots :**

instrument - unité - épingle - mai - tableau.

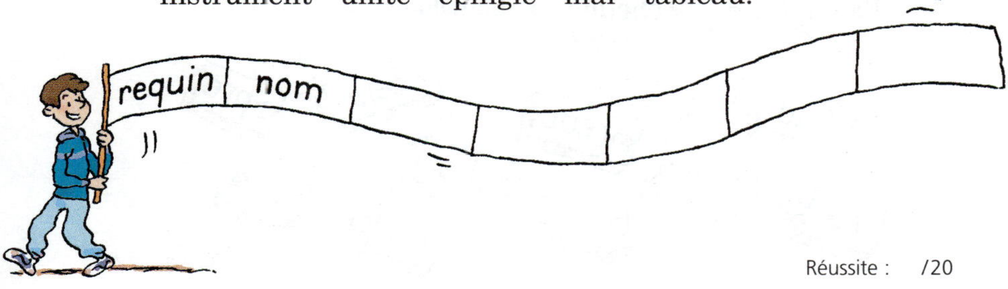


Réussite : /20

# 3 fiche de révision

## 1 Texte à compléter.

**Chasse aux caribous.**

L'été ...[et/est] la saison de la chasse aux caribous. Ils ... [se/ce] déplacent souvent, et parfois ils travers... les rivières. Les chasseurs les poursuiv... alors avec leur... kayaks rapides, longs et étroi... . Ils les tu... à l'aide du harpon. Aujourd'hui, les jeunes utilis... de plus en plus les armes modern..., les fusils, qui tuent de loin. Mais le père de Touktou pense que ce n'est pas juste. Il faut laiss... au caribou une chance de pouvoir échapper au chasseur.

## 2 Dans chaque phrase, on a remplacé un p par une autre lettre. Retrouve les phrases justes.

1. Où est le sucre en **f**oudre ?
2. Il a un fou dans les cheveux.
3. J'ai une nièce en or.
4. Où est le mot de confiture ?
5. C'est une histoire de cinquante cages.

## 3 Puzzle de syllabes.

**Tu peux former cinq mots avec ces syllabes. Écris-les.**

Ex. : 

→ blancheur.

Réussite : /20

# 4 fiche de révision

**1 Texte à compléter.**

**La coccinelle.**

...[c'est/cet/cette] hiver, la coccinelle adulte a hiberné. Elle est resté... cachée sous les feuilles mort... ou dans la mousse. Au printemps, elle ...[c'est/s'est] réveillée et elle a pond... sur des plantes plein... de pucerons. Elle a déposé ...[ses/ces] œufs en petits tas, au milieu de la colonie d'insectes. Puis la coccinelle, qui ...[a/à] très faim, s'est mise à mang...[é/er]. Elle a dévor...[é/er] jusqu'à 260 pucerons par jour ! Au cours de sa vie, elle pondra plus de 700 œufs.

**2 On a enlevé un e ou un è dans chacun de ces mots. Remets-le chaque fois.**

un ch...f, m...rci, un probl...me, un gil...t, la rivi...re.

**3 Mots croisés.**

**Complète la grille en t'aidant des définitions et des dessins.**

1. Oiseau noir.
2. Elle fait le miel.
3. Oiseau noir et blanc à longue queue.
4. Insecte qui vole.
5. Oiseau qui dort le jour.
6. Mâle de la cane.

Réussite : /20

# 5 fiche de révision

**1 Texte à compléter.**

**Naissance dans un campement.**

Une vache a mi... au monde un petit veau. ... [son/sont] gardien la soigne. Il trait son premier lait qui est très épais. On dirait du lait condensé, comme dans les boîtes. Ce lait sera cui... pour en faire un délicieu... fromage que les enfants manger... . Le deuxième lait, plus léger ... [et/est] plus clair, est pour le veau. Chez les nomades du désert, le lait ... [et/est] la principale nourriture. ... [on/ont] le boit frais ... [ou/où] caillé, avec de l'eau et du sel. On en fait aussi des fromages qu' ... [on/ont] mange avec des galettes de mil.

**2 Dans chaque phrase, on a remplacé un l par une autre lettre. Retrouve les phrases justes.**

1. J'ai pris vingt titres d'essence.
2. On a gagné le gros mot.
3. Il a fait le tour du sac en bateau.
4. J'ai repassé le singe.
5. Donnez-moi une douche de potage.

**3 Farandole des mots.** *Règle du jeu page 107.*

**Continue la farandole avec ces mots :**

timbre - raisin - utilité - nuit - eau.

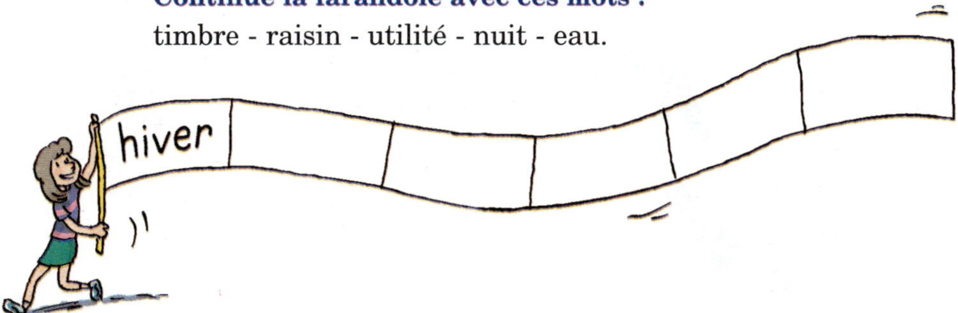


Réussite : /20

# 6 fiche de révision

**1 Texte à compléter.**

**Pourquoi le lézard n'a pas d'oreilles.**

Un jour, le lézard dit qu'il n'avait pas peur de la panthère. La panthère ... [ce/se] met en colère et lui propose un combat devant tou... les autres animau... .

Le jour du combat arrive. Le lézard sor... un couteau de ... [son/sont] sac et se coupe les deux oreilles. Quand la panthère voi... que le lézard ... [et/est] aussi courag..., elle a peur et elle se sauve au fond de la forêt.

Voilà pourquoi la panthère ... [a/à] peur du bruit que fait le lézard dans les feuilles. Et voilà pourquoi, depuis ... [ce/se] jour, le lézard n'a pas d'oreilles.

**2 Un mot simple peut être reconnu à la fin de chacun des mots suivants. Trouve ces cinq mots.**

Ex. : ramener → **mener**.

parcourir, rebord, biscuit, madame, minuit.

**3 Jeu des cailloux.** *Règle du jeu page 106.*

**Trouve les cinq mots qui vont dans ces groupes de cailloux.**

asperge
briquet
chapeau
diriger
fatigue
insecte
produit

1. 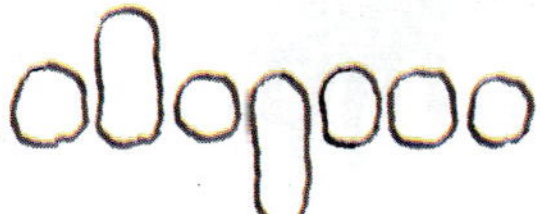

2. 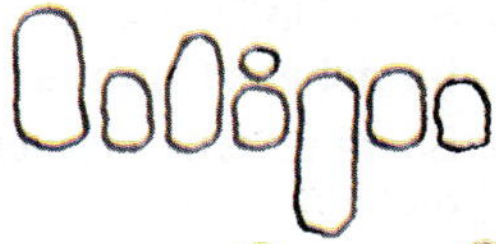

3. 

4. 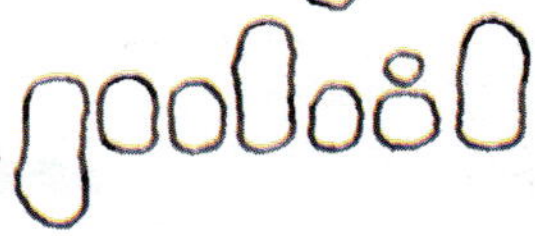

5. 

Réussite : /20

# 7 fiche de révision

## 1 Texte à compléter.

**Un éléphant très malin.**

Il y a du monde autour de la cage de Doudou, l'éléphant. Voilà un monsieur qui ramasse un petit caillou, l'entour... d'un papier et le donn... à l'éléphant. Doudou le pren... avec sa trompe. L'homme se met ...[a/à] rire du tour qu'il vient de jou... à l'animal ...[et/est] il recommence deux ...[ou/où] trois fois à lui donner des petits caillou... . L'éléphant va boire dans son bassin, puis revient devant l'homme qui a prépar... un nouveau bonbon-caillou. Alors, Doudou redresse sa trompe et lui crache dessus tou... l'eau qu'il a en réserve !

## 2 Dans quel mot trouves-tu chacune de ces cinq syllabes ?

**cra** **der** **pre** **gne** **pio**

racine, perdre, proprement, poignet, crapaud, dernier, direct, piocher, montagne, brioche.

## 3 Mots croisés.

**Complète la grille en t'aidant des définitions et des dessins.**

1. Mâle de la vache.
2. Elle a un long cou.
3. Sorte de lapin qui court très vite.
4. Il a de longues oreilles.
5. Sorte de cheval à rayures blanches et noires.
6. Sorte de très gros chat qui a des rayures.

Réussite : /20

# 8 fiche de révision

## 1 Texte à compléter.

**Un lion raconte…**

« Seigneur lion chassant un jour dans la forêt, se trouva pris dans un filet. Les hommes l'avai… caché sous de gran… feuilles de bananier. Mon grand-père …[ce/se] fit attraper. Il criait, hurl…, rugiss… . La terre autour de lui tremblait. Tou… les animaux se sauvai… . Seul, un rat qui passait par là, pris de pitié, …[ce/se] rapprocha. Il décida, sans hésiter, de délivr… le prisonnier. Ce fut un long et rude travail que celui de ronger les mailles du filet. Le rat en eut les dents usé…, mais grand-père lion fut libéré. »

## 2 Dans chaque phrase, on a remplacé un r par une autre lettre. Retrouve les phrases justes.

1. Vive le roi et la peine !
2. Elle a des cheveux d'un joli doux.
3. Les matins montent sur le bateau.
4. Les joues de mon vélo sont dégonflées.
5. La voiture coulait à cent kilomètres à l'heure.

## 3 Puzzle de syllabes.

**Tu peux former cinq mots avec ces syllabes. Écris-les.**

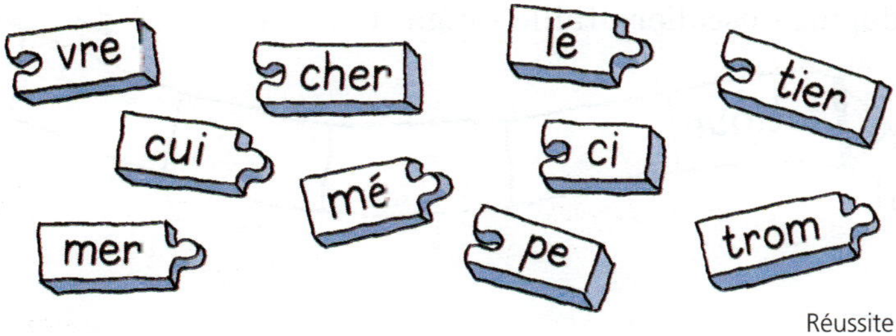


Réussite : /20

# 9 fiche de révision

**1 Texte à compléter.**

**La légende du chat.**

Sur son arche, Noé embarqua un couple de tou... les animaux du monde. Les chats n'existai... pas encore. La pluie ...[ce/se] mit à tomber et tou... les terres furent inondé... . Sur l'arche de Noé, les rats et les souris firent tant de petits que, bientôt, il ne resta presque plus rien à mang... .

Noé, désespéré, s'en alla trouv... le lion et il lui demanda de l'aider. Le lion réfléchit, ...[ce/se] gratta la tête et éternua. Deux tout petits lions sortirent de ...[ces/ses] narines : c'étaient les deux premiers chats du monde! Ils se mirent aussitôt en cha...e et ils tuèrent beaucoup de rats et de souris.

**2 Dans quel mot trouves-tu chacune de ces cinq syllabes?**

| | | | | |
|---|---|---|---|---|
| **rou** | **net** | **dre** | **sur** | **tim** |

retourner, adroitement, rouler, superbe, tordre, trousse, timide, robinet, surprise, timbre.

**3 Farandole des mots.** *Règle du jeu page 107.*

**Continue la farandole avec ces mots :**

depuis - escalier - taillé - regard - sujet.

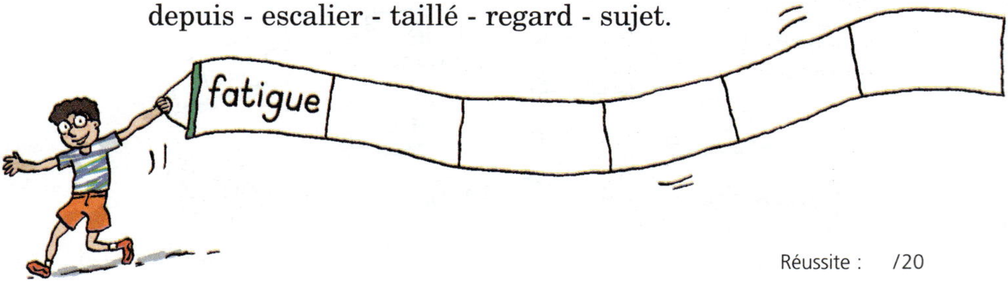


Réussite : /20

# 10 fiche de révision

**1 Texte à compléter.**

**La pièce magique.**

Karim ...[ce/se] pencha. Le visage de son oncle venait d'apparaître sur la surface de la petite pièce. Il vit boug... les lèvres du magicien, mais il n'entendit rien.

– Parle plus for... ! lui cria-t-il.

Il ...[ce/se] pencha encore, jusqu'à touch... le visage de son oncle sur la surface poli... du métal. Les lèvres bougeai... lentement. Que disait-il? Karim essaya de déchiffrer les mots qui se formai... devant lui. Mais il ne réussit pas à comprendre, sauf un mot qui semblai... revenir plusieurs fois dans la phrase. Et ...[ce/se] mot était le mot «magique» !

**2 Dans chaque phrase, on a remplacé un t par une autre lettre. Retrouve les phrases justes.**

1. Donne-moi une branche de gâteau.
2. Monte en haut de la cour du château.
3. J'ai mal à la fête !
4. Cette histoire a un joli litre.
5. Le berger a pondu tous ses moutons.

**3 Mots croisés. Complète les phrases pour trouver les mots qui permettent de remplir la grille.**

1. On peut ... avec un crayon.
2. On jette les papiers dans la ... .
3. On écrit sur du ... .
4. J'écris au tableau avec une ... .
5. Celui qui va à l'école est un ... .
6. Mes dessins ont de belles couleurs grâce à mes f... .

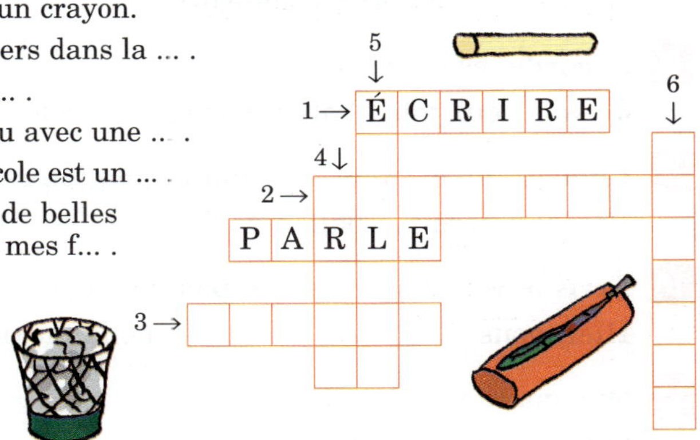


Réussite : /20

# Test final

Passe ce test sans regarder dans le livre.

**1** **Complète les mots par s ou ss.**

une chai...e    une table ba...e

**2** **Écris ces verbes au présent de l'indicatif, à la 2e personne du singulier.**

*coudre* : tu ..................    *rester* : tu ..................

**3** **Accorde les noms et le verbe.**

Les skieur... port... des lunette... de soleil.

**4** **Choisis entre a ou à pour compléter.**

Juliette est rentrée ... cinq heures.

**5** **Écris cette phrase en remplaçant le nom masculin par le nom féminin correspondant.**

Mon voisin est un homme courageux.
Ma ......................................................................

**6** **Complète par c ou ç.**

Mer...i, dit le gar...on.

**7** **Que manque-t-il : leur ou leurs ?**

Ils avaient emporté ... cadeaux.

**8** **Accorde les adjectifs.**

Je vois deux joli... bateaux avec des voiles blanc... .

**9** **Choisis entre son et sont pour compléter.**

Pascal a perdu ... ballon de foot.

**10** **Écris le verbe marcher au passé composé.**

Hier, nous ............................ pendant trois heures.

**11** **Que manque-t-il : ay, aill ou eill ?**

On a t...é les cr...ons de couleur.

**12 Écris ces noms au pluriel.**

un clou, des .................. un taureau, des ..................

**13 Écris au présent de l'indicatif.**

*faire* : je .................., vous .................. .

*aller* : je .................., vous .................. .

**14 Accorde le participe passé.**

Elle est parti... avec ses frères.

**15 Complète par on ou par ont.**

Ses parents ... une voiture rouge.

**16 Conjugue le verbe écouter aux trois personnes de l'impératif.**

C'est un ordre : .................., .................., .................. .

**17 Écris l'infinitif du verbe conjugué dans vous serez sage.**

Il s'agit du verbe .................. .

**18 Remplace les deux ronds bleus par une virgule, un point ou un point d'interrogation.**

– Veux-tu une brioche • un croissant ou un pain au chocolat •

**19 Complète le verbe par é, er, ez ou ait.**

Hier soir, il s'est couch... très tôt.

**20 Écris le verbe chercher au futur, à la 1re et à la 3e personne du singulier.**

Demain, je ...................., il .................... .

Note : ...... /20
(1 point par question entièrement réussie)

Dans ce tableau, entoure les numéros des questions où tu as fait des erreurs. À côté, il y a les numéros des règles que tu as besoin de réviser.

| | | | |
|---|---|---|---|
| 1 R12 | 6 R14 | 11 R8 R9 | 16 R71 |
| 2 R56 R58 | 7 R39 | 12 R42 R43 | 17 R51 R63 |
| 3 R41 R47 | 8 R46 | 13 R55 | 18 R22 |
| 4 R29 | 9 R30 | 14 R48 | 19 R69 R72 |
| 5 R44 R45 | 10 R67 | 15 R38 | 20 R65 |

# Liste des mots à apprendre au CE2

## A

abeille (une)
abricot (un)
acheter
acheteur (un)
adjectif (un)
adroit
adroitement
agent (un)
aigle (un)
aile (une)
air (un)
amour (l')
âne (un)
approcher
ardoise (une)
arête (une)
arracher
asperge (une)
astre (un)
aujourd'hui
au lieu de
aussi
autobus (un)
autocar (un)
autruche (une)
avant
avertir
aviation (l')
avril

## B

bain (un)
bal (un)
balcon (un)
balle (une)
ballon (un)
banc (un)
bande (une)
banque (une)
barque (une)
bas, basse
bassin (un)
bataille (une)
bâton (un)
bavarder
baver
bavette (une)
bazar (un)
beau, belle
bec (un)
bêler
bête (une)
bidon (un)
bien
bille (une)
billet (un)
biscuit (un)
bise (une)
blanc
blancheur (la)
blanchir
bleu
bord (le)
bordure (une)
borne (une)
botte (une)
bottine (une)
boucher
boucher (un)
bouchon (un)
boucle (une)
boue (la)
boulanger (un)
boulangerie (une)
bouquet (un)
bouteille (une)
boutique (une)
bras (le)
brioche (une)
briquet (un)
brise (la)
briser
brochet (un)
brosse (une)
brosser
brouette (une)
bureau (un)

## C

cachette (une)
cadre (un)
campagne (la)
canal (un)
canard (un)
capitaine (un)
carnaval (le)

carnet (un)
case (une)
castor (un)
chacun
chameau (un)
chant (un)
chapeau (un)
chapelle (une)
chaque
chaton (un)
chaud
chaudement
chef (le)
chenille (une)
chevalier (un)
cheville (une)
chocolat (le)
chose (une)
choucroute (la)
cidre (le)
ciel (le)
cinq
cirque (un)
clocher (le)
clochette (une)
clou (un)
combien
comment
compagne (une)
compagnie (une)
compagnon (un)
compliment (un)
conduire
conduite (la)
confortable
conjuguer

contenir
continuer
coq (un)
coquin
corbeau (un)
corbeille (une)
corde (une)
corne (une)
cornet (un)
corniche (une)
coton (le)
cou (le)
couchette (une)
coudre
coupant
cour (la)
courir
course (une)
couverture (une)
couvrir
craie (une)
crâne (le)
crier
croire
croix (une)
cuire
cuisine (la)
cuisson (la)
cuit
cuivre (le)
cuve (une)

## D

date (la)
décembre
découverte (une)
demi
démonter
dent (une)
depuis
dernier
derrière
dessin (un)
dessiner
dessous
devant
dire
direct
directement
diriger
disque (un)
diviser
division (une)
dix
docteur (un)
domestique
donner
dos (le)
double
douloureux
doux, douce
douze
dragon (un)
dur
durée (la)
durer

## E

eau (l')
écaille (une)
échapper
écharpe (une)

échelle (une)
écolier (un)
écouter
écrevisse (une)
écrire
écriteau (un)
écurie (une)
élémentaire
éleveur (un)
en bas
encore
encrier (un)
encre (de l')
endormir
enfantin
enfermer
enfin
en haut
ensuite
entier
entrée (une)
épicerie (une)
épine (une)
épingle (une)
éplucher
escalier (un)
escargot (un)
estrade (une)
étrange

## F

fabrique (une)
fabriquer
fatigue (la)
féminin (le)
fenêtre (une)
fer (le)
fermer
feuille (une)
feutre (un)
fidèle
film (un)
fils (le)
fin (la)
fleuriste (un)
foin (le)
folie (la)
fondre
fontaine (une)
force (la)
forme (la)
formidable
fort
fortement
fourche (une)
franc, franche
frère (le)
frileux
fruit (un)
fuite (une)
fumer

## G

gamin (un)
garage (un)
garde (un, une)
garder
gardien (un)
garnir
gauche
genre (le)
gerbe (une)
gibier (le)
gilet (un)
girafe (une)
gomme (une)
grammaire (la)
grandeur (la)
grandir
gras, grasse
grave
grenouille (une)
gris
grossir
groupe (un)

## H

haut
hauteur (la)
herbe (l')
heure (une)
hibou (un)
hier
histoire (une)
hiver (l')

## I

ici
idée (une)
injuste
insecte (un)
inspecteur (un)
instrument (un)
invisible

## J

jambe (la)
janvier

jaune
jeune
joie (la)
joue (la)
jouet (un)
joueur (un)
juillet
juin
jument (une)
jusqu'à

## L

labourer
lac (un)
langue (la)
larme (une)
lavage (le)
laver
lécher
leçon (une)
léger
légume (un)
lettre (une)
lèvre (une)
lièvre (un)
linge (le)
liquide (un)
litre (un)
livret (un)
loin
long, longue
lorsque
loup (un)
lueur (une)
lunettes (des)
lutte (la)

## M

machine (une)
mademoiselle
magasin (un)
mai
maintenant
maisonnette (une)
maître (le)
maîtresse (la)
majuscule (une)
malin
mari (le)
masculin (le)
matière (la)
matinal
mauve
mélange (un)
mélanger
mémoire (la)
ménagerie (une)
menteur
menu (un)
mer (la)
merci
mercredi
merle (un)
merveille (une)
messe (la)
métier (un)
mie (la)
miel (le)
mien (le)
miette (une)
mine (une)
minuit
miracle (un)
moderne
moineau (un)
mois (un)
moment (un)
monstre (un)
montagne (la)
montre (une)
montrer
morue (une)
moteur (un)
motif (un)
moucheron (un)
mouchoir (un)
moudre
mouette (une)
moutarde (la)
mouvement (un)
muraille (une)
murmure (un)
murmurer

## N

nappe (une)
né
neuf
nez (le)
nid (un)
noël
noir
nom (le)
nombre (un)
nouer
nuageux
nuit (la)
nul

## O

odeur (une)
oie (une)
oncle (un)
ongle (un)
or (l')
orage (un)
orageux
oreille (une)
ours (un)
ourson (un)
ouvert
ouvrage (un)
ouvrier (un)

## P

paille (la)
pain (le)
paire (une)
panier (un)
pantalon (un)
papier (le)
papillon (un)
parcourir
pardon (le)
parent (un)
parfait
parole (la)
partage (un)
partager
partie (une)
partir
partout
parvenir
passé (le)
passer
pastille (une)
pâte (la)
patron (un)
patte (une)
pays (un)
peau (la)
pêche (une)
pêcher
pêcheur (un)
peine (la)
pendant
pendre
pépin (un)
perche (une)
perdant (le)
perdre
perte (une)
peureux
pie (une)
pièce (une)
pied (le)
piège (un)
pierre (une)
piéton (un)
pioche (une)
piocher
piquet (un)
place (une)
plage (une)
plaine (une)
plaisir (le)
planter
plaque (une)
plat (un)
pleurer
plonger
pluie (la)
pluriel (le)
pochette (une)
point (un)
pointe (une)
poirier (un)
poitrine (la)
pompe (une)
pomper
pondre
porter
pot (un)
pouce (le)
poudre (une)
pourquoi
pourtant
prairie (une)
pratique
presque
prince (un)
princesse (une)
problème (un)
produire
produit (un)
promenade (une)
promeneur (un)
propre
proprement
provenir
puis
puisque
punir
pur
purée (la)

## Q

quatre
quoi

## R

racine (une)
radis (un)
rage (la)
raie (une)
raisin (le)
rame (une)
ramener
raquette (une)
rare
rarement
rebord (le)
recopier
recoudre
recouper
reculer
redevenir
réduire
regard (le)
régime (un)
renard (un)
rencontre (une)
rencontrer
repartir
repasser
répondre
réponse (une)
reprendre
reproduire
requin (un)
respiration (la)
respirer
réunion (une)
richesse (la)
ride (une)
risque (le)
rivage (un)
rivière (une)
robinet (un)
robot (un)
rocher (un)
rond
rondelle (une)
rosée (la)
roue (une)
rude
ruelle (une)
rugir

## S

salle (une)
saluer
s'amuser
sans
sardine (une)
sauvage
sauver
savoir
secouer
se fatiguer
sel (le)
semelle (une)
se moquer
se munir
s'envoler
se rendormir
se souvenir
seul
siège (un)
signe (un)
singulier (le)
soie (la)
soirée (une)
soldat (un)
solidement
sombre
somme (une)
sonner
sonnerie (une)
sorcière (une)
sorte (une)
sot, sotte
sottise (une)
souper (le)
soupière (une)
sous
souvent
spectateur (un)
sport (le)
sportif (un)
sucrier (un)
sueur (la)
suivant
sujet (le)
superbe
surprise (une)
surtout

## T

tableau (un)
tablier (un)
tabouret (un)
tache (une)
taupe (une)

taille (la)
tante (une)
tapage (le)
taper
taureau (un)
tenir
tenue (une)
tigre (un)
timbre (un)
tirer
tissage (le)
tisser
titre (un)
toile (une)
tondre
tordre
train (un)
traire
tranche (une)
traverser
trèfle (le)
trésor (un)
tresse (une)
tricher
tricheur (un)
tristement
trompe (une)
trou (un)
truite (une)

## U

unité (une)
usage (l')
usé
utile
utilité (l')

## V

vague (une)
valeur (la)
valoir
vanille (la)
vapeur (la)
vendeur (un)
vendre
vent (le)
vente (une)
ventre (le)
verger (un)
vernir
vert, verte
veste (une)
viande (la)
victoire (la)
vide
vider
vieux
vif, vive
villa (une)
vinaigre (le)
violette (une)
vipère (une)
virgule (une)
visible
vitesse (la)
vitre (une)
vitrine (une)
vivement
vivre
vocabulaire (le)
voile (un)
voile (une)
voisin (un)
voisinage (le)
vouloir
voyage (un)
voyageur (un)

## Z

zèbre (un)
zéro (un)

# Références des ouvrages cités

| | | |
|---|---|---|
| **p. 71** | ex. 146 | D'après N. Py, *La pintade*,<br>Collection Les Albums du Jeune Soleil, Hatier. |
| **p. 73** | ex. 153 | D'après I. Ulla-Alonso, *Pixelle ma micro-copine*,<br>Collection Ratus Poche, Hatier. |
| **p. 75** | ex. 159 | J. & J. Guion, *Ratus sur la route des vacances*,<br>Collection Ratus Poche, Hatier. |
| **p. 83** | ex. 178 | D'après D. Delafosse, *Le petit lion*,<br>Collection Les Albums du Jeune Soleil, Hatier. |
| **p. 96** | ex. 215 | É. Reberg, *Un voleur à l'école*,<br>Collection Ratus Poche, Hatier. |
| **p. 99** | ex. 225 | D'après G. Effimbra, *Mariam et la papaye*,<br>Collection Les Albums du Jeune Soleil, Hatier. |
| **p. 103** | ex. 236 | D'après J.-P. Adam, *Le grand roi qui dormait sous la terre*,<br>Collection Ratus Poche, Hatier. |
| **p. 106** | ex. 1 | D'après A.-C. Vestly, *Alexandre Zim Boum Boum*,<br>Collection Ma Première Amitié, Rageot. |
| **p. 107** | ex. 1 | D'après F. Mallet-Joris, *La maison de papier*, Grasset. |
| **p. 108** | ex. 1 | D'après *Sept enfants du monde*,<br>Les livres du soleil, CEDA-Hatier. |
| **p. 109** | ex. 1 | Extrait de *Connais-tu les insectes ?*, Hatier. |
| **p. 110** | ex. 1 | D'après *Sept enfants du monde*,<br>Les livres du soleil, CEDA-Hatier. |
| **p. 111** | ex. 1 | Extrait des *Contes du père voilà pourquoi*,<br>Les livres du soleil, CEDA-Hatier. |
| **p. 112** | ex. 1 | D'après un extrait de *La protection des animaux*,<br>revue de la S.P.A de Lyon. |
| **p. 113** | ex. 1 | D'après G. Laramée, *Les malheurs d'un pâtissier*,<br>Collection Ratus Poche, Hatier. |
| **p. 114** | ex. 1 | D'après un extrait de *Découvrir les animaux*, n° 21,<br>Larousse. |
| **p. 115** | ex. 1 | D'après Giorda, *Karim et l'oiseau blanc*,<br>Collection Ratus Poche, Hatier. |

# Liste des règles

pages

## Notions de base



## Orthographe d'usage



## Homophones grammaticaux

## Accords en genre et en nombre



## Formes verbales

# Table des matières



Achevé d'imprimer sur les presses de Mateu Cromo
Dépot légal 11504 - Janvier 2001